美国名编辑研究

MEIGUO MINGBIANJI YANJIU

叶 新 易文翔 周丽锦 编著

知识产权出版社
全国百佳图书出版单位

图书在版编目（CIP）数据

美国名编辑研究 / 叶新，易文翔，周丽锦编著. —北京：知识产权出版社，2018.4
ISBN 978-7-5130-5444-7

Ⅰ.①美… Ⅱ.①叶… ②易… ③周… Ⅲ.①编辑工作－美国－文集
Ⅳ.①G239.712.1-53

中国版本图书馆CIP数据核字（2018）第037277号

内容提要

本书以20世纪美国出版领域颇有建树的几位编辑、出版人为核心，围绕他们的出版经历展开分析，具有故事性，又不失启发性，对我国当代的编辑人具有模范启迪意义。

责任编辑：王　辉　高　源　　　　　　　责任出版：孙婷婷

美国名编辑研究

叶　新　易文翔　周丽锦　编著

出版发行：**知识产权出版社**有限责任公司　　　网　　址：http://www.ipph.cn
电　　话：010－82004826　　　　　　　　　　　　　　　　 http://www.laichushu.com
社　　址：北京市海淀区气象路50号院　　　　邮　　编：100081
责编电话：010－82000860转8701　　　　　　责编邮箱：gaoyuan1@cnipr.com
发行电话：010－82000860转8101　　　　　　发行传真：010－82000893
印　　刷：北京中献拓方科技发展有限公司　　经　　销：各大网上书店、新华书店及相关专业书店
开　　本：880mm×1230mm　1/32　　　　　　印　　张：5.5
版　　次：2018年4月第1版　　　　　　　　　印　　次：2018年4月第1次印刷
字　　数：101千字　　　　　　　　　　　　　定　　价：32.00元
ISBN 978-7-5130-5444-7

| 目录 |

罗伯特·戈特利布何以成为天才编辑

> 　　我不认为编辑是一种最具创造性的天才，那是非常难得的……人们从我身上发现的作为编辑的那些品质，譬如眼光啊，善意啊，品位啊，耐心啊，以及旺盛的精力啊什么的，这些都没什么了不起的！我对这些素质反倒不看重……我其实只做了一件事，那就是保护和培育一个艺术家的才华。我的工作就是呵护这些美妙的天才。
>
> 　　　　　　　　　　　　　　　　——罗伯特·戈特利布

编辑的本质是躲在荣誉之后的、不被注意的艺术。编辑的劳动往往体现在作家的作品当中，因此一个伟大作家诞生的身后往往站着一个同样伟大的编辑。罗伯特·戈特利布（Robert Gottlieb，1931—）可能不是一个家喻户晓的名字，而在大西洋两岸的一代作家中，戈特利布绝对是一个传奇。毫不夸张地说，戈特利布也许是近几十年来最著名、最具影响力的编辑。

自20世纪下半叶以来，戈特利布逐渐成为一位备受尊崇的编辑、出版人。他还是美国文坛的常青树，70多岁了仍然活跃不已。他以编辑出版约瑟夫·海勒（Joseph Heller）的《第22条军规》（Catch-22）起家，曾经担任过西蒙-舒斯特公司（Simon & Schuster Inc.）的副总裁兼总编辑、克诺夫书局（Alfred A.Knopf）的出版人兼总编辑，还曾经出任过5年的《纽约客》主编。在其50年的编辑生涯中，他编辑过不下1000本书。在由戈特利布担任过图书编辑的知名作家中，既有托妮·莫里森（Toni Morrison，1993年诺贝尔文学奖得主）、V.S.奈保尔（V.S.Naipaul，2001年诺贝尔文学奖得主）、多丽丝·莱辛（Doris Lessing，2007年诺贝尔文学奖得主）这样获得过诺贝尔文学奖的世界级作家；也有约翰·契弗（John Cheever）、芭芭拉·塔其曼（Barbara Tuchman）、罗伯特·A.卡洛（Robert A. Caro）这样的普利策奖得主；还有像美国前总统比尔·克林顿（Bill Clinton）、《华盛顿邮报》老板格雷厄姆夫人（Mrs. Graham）、著名演员凯瑟琳·赫本（Katherine Hepburn）这样的各界名流。而从他的写作生涯来看，说他是一位作家也并不为过。

比尔·克林顿曾在他的书中评价说"戈特利布是人类历史上最伟大的编辑"，这并不是一时的褒美之词。而从他50年的编辑生涯来看，要成为一个伟大编辑，获得各界的至高赞誉并非一日之功，必备的几项素质缺一不可。

一、深厚的文字功底

罗伯特·戈特利布1931年4月29日出生于美国纽约市曼哈顿上西区的一个书香家庭，他毕业于哥伦比亚大学，并曾在剑桥大学深造两年。他的父亲是一位律师，母亲是一位教师，他曾说他父亲的"最大的乐趣非常古怪，那就是能尽情狂欢，另外就是买很多书"。这为戈特利布的成长创造了良好的文化氛围，强大的阅读能力是源于天成还是熏陶已不再重要。让家人和朋友吃惊的是，他每天能读三四本书，还能一次持续16个小时不停地读。十几岁的时候，他一天就读完了《战争与和平》，上大学的时候他在一周内读完马塞尔·普鲁斯特（Marcel Proust）的《追忆逝水年华》（*Remembrance of Things Past*）一书7卷中的6卷。这种阅读记录在戈特利布的阅读历史中比比皆是。戈特利布能成就自己的编辑事业，并在此基础上开创自己的晚年写作事业，离不开他的这种日积月累。

即便是为了他的爱好而编辑出版的一本书《品读爵士》（*Reading Jazz*）也成了一本超过1000页颇有价值的作品集，几乎涵盖了1919年至1996年期间所有有关爵士的话题和爵士音乐家。这个作品集包含了150多篇摘自其他图书、杂志、报纸的文章，还有来自长篇自传作品中的摘要、唱片护封上的说明文字。戈特利布将所有这些内容融合在一起，在他的驾驭之下重新加以整合，分成自传、报道、评论三部分，并分别为每一部分添加介绍和序言，使之成为一部思考爵士的佳作。

二、饱满的工作热情

1955年，在戈特利布申请西蒙－舒斯特公司总编辑杰克·古德曼的编辑助理一职时，古德曼问他为什么要做编辑，他回答说："我从没想过干别的。"从那时开始，戈特利布就全身心地投入到他为之奋斗一生的编辑生涯中。

戈特利布的工作时间没有限制，在任何时候任何地方都有他工作的身影。为格雷厄姆夫人修改她的自传《个人历史》（*Personal History*）时，戈特利布甚至一边改稿件一边赤脚在格雷厄姆夫人的公寓走来走去；同样地，他还曾带着睡衣到克林顿的家里，与克林顿一起通宵工作，修改稿件。在编辑罗伯特·A.卡洛的《权力掮客》（*The Power Broker*）一书时，卡洛每天早上都要到戈特利布的办公室商讨稿件事宜，这样的日子整整过了一年。而每当卡洛傍晚离开时，还有一长队人在办公室外面等着戈特利布。

痴迷于工作的戈特利布对吃饭之类的社会应酬一点也不感兴趣，除了与作者一起工作，他很少在私下与作者交流。卡洛曾经是戈特利布的同事也是克诺夫书局的一位作家，但他说他与戈特利布除了工作之外基本上没什么日常交往。

戈特利布曾经说过，他所修改过的文章比大多数人一生所读的文章还要多。他说他的成就主要是依靠自己努力的结果。他总是开玩笑说："在我的墓碑上应该写上：戈特利布，人事已尽。（Robert Gottlieb. He Got It Done.）这绝对是我的动力——努力完成要做的事。"然而，他还说："这就像是满足一种需求。我不会做完某件事后说：'哇，我做完了，太棒了，我太高兴了。'而是'噢，好吧，这个完成了，现在就进行下一个吧。'"

在从业的50年里，戈特利布从未真正休过假，他认为自己只有10多天完全没有工作。可以说他是一个不折不扣的工作狂。除了他的编辑手法、精确的判断力、对自己品位的绝对自信之外，戈特利布最大的长处就在于他的这种热情。他喜欢什么，就迫不及待地要以此感动全世界，让人们都来喜欢，其实出版的精神就在于此。

三、独到的编辑眼光

世上有两类好编辑，其中一类就是好的策划编辑，能够帮作者寻定写作方向、分定章节次序、确定笔调主线，犹如舞台剧导演一样激发出演员最好的表演潜力。戈特利布当之无愧地位列其中。

在从事编辑职业的第二年，年仅26岁的戈特利布就因接手了约瑟夫·海勒的《第22条军规》而在出版界声名大噪。

在营销上戈特利布也有自己的方法，他不急于出版此书，建议作者再花两年时间进行改写，每次出版延后，戈特利布都聪明地加以处理，并再次加强别人的心理预期。果然，这本书出版后大获成功，成了当代堪称"黑色幽默"的经典著作，而"第22条军规"也成了一个美国成语，被当成是专制权势的象征。

戈特利布广泛的阅读和对编辑工作的全心投入，使他能够即使不看作者的名字，也能精确把握每位作者作品的风格。早在20世纪60年代，多丽丝·莱辛就以《野草在歌唱》《金色笔记》等享誉文坛，深得出版商的青睐。到20世纪80年代初，莱辛陆续完成了两部长篇小说《一个好邻居的日记》和《如果老人能够……》。此时，早已功成名就的她想试试出版商出版她的作品，是因为她的名气还是她的作品本身。于是，她化名"简·索默斯"，把它们分别寄给了她在英国伦敦的两个长期出版商。没想到，编辑一看是无名小卒的来稿，看也不看就退回了稿件。1982年，莱辛的代理人又把书稿拿给戈特利布看，他一眼就看出真正的作者就是莱辛。他说："我刚一读就大笑了起来，因为这个笔调对我来说太熟悉了。"他不但答应这两本书不加声张地在克诺夫书局出版，还同意与莱辛一起保守秘密，静观事态的发展。果然，两本书问世后没有引起舆论的注意，书的销路极低，每本只有三千多册，根本不能和署名莱辛的著作同日而语。在两年后的1984年，莱辛把这两部小说合二为一，改称《简·索默斯日记》，以真名莱辛出版，各种报刊争相评价，一时洛阳纸贵，也让原来的出版商大为尴尬。戈特利布就此评价说，虽然每本只有三千册，但是实实在在的三千册。

戈特利布还常常以他的编辑直觉，就内容部署、情节设置以及提供选题等为作者提供各种建议。托妮·莫里森曾是戈特利布在兰登书屋的同事，他们的共事始于1973年她的第二部小说《秀拉》(Sula)。戈特利布1987年离职去《纽约客》担任主编之后，一位新编辑被派来负责与莫里森的合作。但是她的《爵士》(Jazz，1992)和《天堂》(Paradise，1998)出版后反响平平。而她的写作状态的恢复有一部分要归功于戈特利布的再次出现。戈特利布提醒她要恢复书中一个已被删掉的小人物，还让她放弃了一个主要人物说出的

"一个异常优美的段落"（戈特利布觉得有点冗长），对于这个人物什么时候（或者是否）变成了鬼，戈特利布希望能描写得更清晰一点。他还鼓励她"要有开放的思想和无畏的精神"，冒一些险，比如在她的小说《所罗门之歌》中描写一个没有肚脐的女人。

克林顿回忆录初撰的时候，克林顿曾经交给戈特利布一份150多页的书稿，里面几乎记下了所有他认识的人的事，后来又有150多页关于他对阿肯色州政界的介绍和他在20世纪70年代及80年代早期各种人的接触。戈特利布对此的答复是："好家伙！这些很棒。但有多少是你编造的？这简直是故事。你不能在书里乱编，要讲实话。"虽然克林顿保证这是事实，但这些看上去像小说的部分无一例外地被删掉了。

为作者提供图书选题是一项有风险的工作，但在他的指引下，畅销书、长销书频出。正是戈特利布给哈伊德·波托克推荐了《飘忽不定》（*Wanderings*）一书的构想；是他让安东尼娅·弗莱瑟（Antonia Fraser）写亨利八世6个老婆的故事；也是他劝说约翰·契弗把他所写的小故事集成一本有趣的书《约翰·契弗短篇小说选》（*The Uncollected Short Stories of John Cheever*），作者因此而获得1979年的普利策文学奖。

尽管很多编辑在对作者提出自己想法的时候会失败，但由于戈特利布自身的阅读经验，对作者的写作风格非常熟悉，又对市场有精准的把握，他总能在愉快的合作中让作者接受自己的想法，双双把作品推向成功。

四、高超的编辑技巧

好编辑的另外一种是好的责任编辑，能够帮作者改正语法、纠正错字、补正资料等。戈特利布作为一代名编辑，对作者稿件的修改依然是字字不漏，字斟句酌。他能坚持自己的判断，不容易被作者所迷惑。同时，他又能真诚而不失妥当地为作者指出不当之处，作者自然也会欣然接受。

回忆起《第22条军规》的编辑过程，海勒称戈特利布是一位大刀阔斧、铁面无情的编辑，有时候大段大段地修改，甚至还有五六十页的一章被全部删除了，改完后又不停地重新打印书稿出来，致使"打印的一块块纸片撒满了戈特利布狭小办公室的每一个角落"。哈伊德·波托克的小说《抉择》则被删了300多页。最具代表性的是罗伯特·A.卡洛的《权力掮客》一书，最初送去的书稿长达100多万字，在20世纪60年代不太可能出版这么长的一本书。因此，最后正式出版时被删掉30多万字，相当于500多页。

格雷厄姆夫人所写的回忆录《个人历史》中的每一句话都经过了戈特利布的修改，他还建议她把该书的中心聚焦于她个人生活中有关人性的故事。关于书以什么方式开头也有一番曲折,《华盛顿邮报》的一些朋友建议格雷厄姆夫人采取一种特殊的记叙方式,这是新闻工作者常用的手段。但是,戈特利布却让她以她父母的婚姻和她艰难的儿时生活这些简单的内容开头。该书于1997年出版,叙述简朴,更像是与格雷厄姆夫人的聊天,出版后不久便成为畅销书并获得普利策奖。

担任克林顿回忆录的编辑无疑是戈特利布编辑生涯中的一个亮点,然而他从不偏爱这一类的明星作家。他不惧怕威慑,不迎合、谄媚他人,他只是去掉他认为多余的部分。克林顿写的东西也逃不过被删节的命运。一旦克林顿对自己成长过程中的电影、橄榄球或摇滚乐文化谈得过多,这些偏离主题的内容就会被全部删掉。最终,这位著名编辑把克林顿的20多本手写笔记压缩成了957页的传记《我的生活》(*My Life*)。在书的感谢词中,克林顿向戈特利布致谢,他说道,没有戈特利布的帮助,"这本书可能会写的是现在的两倍长,却只有现在的一半好"。

五、雅俗共赏的文化品位

作为一名编辑,戈特利布同时追求高文化含量和低文化含量的作品,并且乐在其中。更妙的是,他两种都很擅长,这使他能集较高的文艺品位和独到的商业眼光于一身。他既不是一个咬文嚼字的老学究，也不怕被别人批评太商业化，他读好书也读烂书——只要是"好的烂书"。特意堆砌文字、用心设计的所谓畅销小说或是虚情假意、矫揉造作的煽情小说，都让戈特利布读来索然无味。

戈特利布负责编辑的作品有严肃派的，也有通俗派的，严肃派的取得文学成就，通俗派的则成为商业畅销书，两方面他都做得游刃有余，无往不利。在他的作者名单当中，既有上述提到的类似多丽丝·莱辛、约翰·契弗这样的诺贝尔文学奖或普利策文学奖得主，也有迈克尔·克莱顿（Michael Crichton）、约翰·勒卡雷（John Le Carré）这样的以写推理侦探小说见长的畅销书作家，而各界名人的著作也不加排斥地被他收入囊中。1968年，他离开西蒙-舒斯特公司到克诺夫书局（隶属于兰登书屋）担任出版人兼总编辑，该书局之前一直以其高水平、高质量的图书建立了良好的声誉，销售情况也不错。戈特利布继任后不仅保持了这一水准，而且在提高该书局的商业表现的同时，还出版了一系列成功的商业小说和名人的个人传记。

与戈特利布共事过的人都说，只要是真实的写作，即便是简单或文化含量低的作品，他也常常会看到其中的文学内涵。戈特利布在西蒙-舒斯特的一位同事、前总编辑迈克尔·科达在他的回忆录《因缘际会》（*Another Life*）中写道，戈特利布认为，"要带着真诚和内在的热情去写小说；只要能这么做，写的水平如何就不重要了。"《公共事务》杂志的出版人、曾与克林顿共事的彼得·奥斯诺斯说，正是戈特利布对雅文化和俗文化的同等热情，才使他适合去编辑克林顿的书。他说，比尔·克林顿是一个雅俗均沾的人，而罗伯特·戈特利布对二者同样欣赏。

戈特利布工作之外的情趣也为他的编辑写作生涯蒙上了一道绚丽的光环。除了做其他作者的编辑，戈特利布还或编或写了一些他所感兴趣的图书。他的两大爱好爵士乐和芭蕾舞对此举贡献颇多。音像店与爵士乐的偶然一次邂逅使他对此着了迷，他开始读大量有关爵士的老文章，大部分都已绝版，后来他编了《品读爵士》一书。看似天生是编辑的他自幼就热爱芭蕾舞，大学毕业之后曾在英国做过舞台剧导演，晚年不仅担任纽约芭蕾舞团的董事，还是《纽约观察家》杂志的舞蹈评论家。他还不忘本职工作出版了几本舞蹈界人士的图书，包括米凯亚·巴瑞辛尼科夫（Mikhail Baryshnikov）和"舞蹈皇后"玛歌·芳登（Margot Fonteyn）。一代芭蕾舞大师乔治·巴兰钦（George Balanchine）的传记由他来执笔，似乎是当之无愧的最佳人选。他的另一大爱好是收集20世纪50年代的女士塑料包，1988年他和别人合写的一本书《特别的风格：塑料包的艺术（1949—1959）》（*A Certain Style:The Art of the Plastic Handbag*，1949—1959）让它们重新流行了起来。

当今美国出版业与20世纪初相比已经发生了很大的变

化，由于巨大的商业压力，许多出版商的编辑中心制已经让位于经营中心制，兰登书屋、西蒙-舒斯特这样的出版巨头也不免追逐利润，大量出版商业畅销书，编辑也不再像从前那样以发现好书为乐。这使从那个时代走来的戈特利布感慨万千，摇头叹息。

在1994年的一次采访中，戈特利布说："出版业已发生了很多变化，其中一个变化就是如今很多编辑已不再编书。他们现在的任务主要是签订图书出版合同。"现在的许多编辑也不再自称为编辑，这项工作已经外包给一些廉价的编辑助手，他们甚至不再用"书籍"（book）一词，在他们的工作中只有"选题"（title）。戈特利布在用自己几十年的经历来试图打破这一悲观的局面，在滚滚商业浪潮中艰难地保守文化底线，殊为难得，也证明了一名伟大的编辑在成就文化中的不可或缺性。

从事编辑出版工作50多年来，戈特利布已经编辑了大约1000本书，不仅成就了一批新作家，也使一些著名作家的精品问世，可以说他们的作品经过戈特利布的精心雕琢之后熠熠生辉。编辑的乐趣恰恰就在于此。正如他的好友兼同事、兰登书屋前编辑总监贾森·爱泼斯坦所说的那样，"他也许是任何时代最具天赋的编辑"。

（作者：叶新，樊文静；本文刊于《人物》2009年第2期）

传奇的编辑

——戈特利布编辑生涯侧记

在我的墓碑上应该写上：戈特利布，人事已尽（Robert Gottlieb, He Got It Done.）。这并不一定是最高的称颂。但这绝对是我的动力——努力完成要做的事。

——罗伯特·戈特利布

一提起美国的著名文学编辑，人们不免想起斯克里布纳出版社的马克斯·珀金斯（Max Perkins），因为他的名字是和著名作家海明威、菲茨杰拉德、沃尔夫及其作品紧密相连的。通览美国20世纪出版史，这样的编辑犹如璀璨群星，但只有罗伯特·戈特利布才称得上是珀金斯的传人。可以说自珀金斯逝世以来，戈特利布是美国出版界最著名、最具影响力的编辑。

有人认为，世上有两类好编辑，一类是好的责任编辑，能够帮你改正语法、纠正错字、补正资料，犹如美容师一样把你鼻子上的污垢黑头全部清掉；另一类是好的策划编辑，能够帮你寻定写作方向、分定章节次序、确定笔调主线，犹如舞台剧导演一样深度激发你最好的表演潜力。戈特利布显然两者皆是。

一、1931—1955 年：传奇编辑的诞生

1931年4月29日，罗伯特·A.戈特利布（Robert A. Gott-lieb）诞生于美国纽约市曼哈顿上西区的一个中产阶级家庭。父亲查尔斯是一位律师，母亲玛莎则是位受过良好教育的老师。他曾经说过他父亲的"最大乐趣非常古怪，那就是能尽情狂欢，另外就是买很多书。"在家庭环境的熏陶下，他从小就开始阅读大量图书。

读书生爱，由爱变痴，少年时代与图书结下的深厚缘分决定了他一生的志向。他年仅16岁就进入哥伦比亚大学，在大学时代就开始研究《出版商周刊》（*Publisher's Weekly*）的畅销书排行榜。1952年获得学士学位后，他游历英伦诸地，并在剑桥大学研究生院继续深造两年。在短暂尝试舞台导演的工作后，这位身着伍迪·艾伦式便装、不修边幅的年轻人难舍对图书的热爱，毅然返回纽约投身于图书出版业，从此以后，一位在大西洋两岸一代作家心中化身为传奇的编辑，展开了他那长达50余年、充满激情与挑战、硕果累累的辉煌生涯。

二、1955—1968年：西蒙-舒斯特时代——展翅高飞

刚回到纽约时，戈特利布并没有马上在出版业找到工作，而是在梅西百货公司卖贺卡，只是通过职业介绍所的帮助才得偿所愿。1955年7月，年仅24岁的戈特利布向西蒙-舒斯特公司（Simon & Schuster Inc.）总编辑杰克·古德曼（Jack Goodman）申请编辑助理一职。古德曼问他为什么要做编辑，戈特利布回答说："我从没想过干别的"。古德曼非常欣赏这个自信满满的小伙子，这让他想起了当年24岁的自己刚刚进入出版业时的情景。古德曼编辑过的作家包括S.T.佩雷尔曼（S.J.Perelman）、詹姆斯·瑟伯（James Thurber）、罗

曼·加里（Romain Gary）、梅尔·莱文（Meyer Levin）、赫伯特·布莱克（Herbert Black）等。靠着杰克·古德曼的支持以及同作家约瑟夫·海勒的密切合作，年轻的戈特利布在还是西蒙–舒斯特的一个小伙计时，就通过编辑《第22条军规》一书一炮走红。

1957年古德曼去世后，西蒙–舒斯特长期隐藏的问题涌现了出来。高层明争暗斗，创始人之一理查德·西蒙（Richard Simon）已经退休，另一个创始人马克斯·舒斯特（Max Schuster）也不爱管事，出现了断层。年仅26岁的戈特利布便被提升为高级编辑（senior editor），搬进古德曼的办公室，开始接手西蒙–舒斯特公司中那些大牌作家书稿的编辑工作。仿佛一股清新的空气吹进这个原本暮气沉沉的公司，他开创了一个长达10年的小小"黄金时代"。没几年他就坐上了西蒙–舒斯特公司的总编辑位置，出版了迈克尔·克莱顿（Michael Crichton）的惊悚小说、约翰·勒卡雷（John Le Carré）的侦探小说等，还包括很多文学作品，比如约翰·契弗的故事集等。这些成果为他将来更广阔的事业打下了坚实的基础。

在西蒙–舒斯特公司工作期间，戈特利布绝对是一个工作狂。英国乔纳森·凯普书局（Jonathan Cape Ltd.）的著名出版人汤姆·麦奇勒（Tom Maschler）1960年出访美国，与戈特利布一见如故。他回忆说："他几乎不吃早餐，认为那是在浪费时间。"而晚饭之后，他没有别的嗜好，"通常已经上床了，他还靠在巨大的枕头上，忙着看一大堆手稿。"而戈特利布的领袖风格也逐渐形成，"办公室里的他情绪过于激动，又有点无情。当然，他手下有一帮人。他装作很尊重他们，实际上一切都由他说了算。"这种非凡的个人魅力给麦奇勒留下了深刻的印象。

三、1961年：《第22条军规》

在他做编辑的第二年，戈特利布收到一份名为《第十八条军规》（*Catch-18*）的未完书稿，作者是当时还不知名的约瑟夫·海勒（Joseph Heller）。戈特利布立刻意识到这本书的文学价值，迫不及待地录用了书稿。但在临近出版时书名却成了问题。戈特利布回忆道："当时，我们从《出版商周刊》上看到利昂·尤里斯（Leon Uris）写了一部小说叫作《米拉18》（*Mila 18*），他之前的《出埃及记》（*Exodus*）可是一本超级畅销书。除非他不知情，否则他就是偷取了我们的数字。因此，我们所有的人都陷入绝望之中，这在出版业是常事。"没有办法只好改书名，戈特利布和作者几乎试遍了所有的数字组合，但都没找到合适的。

为此，戈特利布一直很失落。有一天他躺在床上思考这件事，一整晚都没睡着。突然"22"这个数字出现在他的脑海中。于是，第二天一早就给海勒打电话，他说："我想到了！我想到了！就叫《第22条军规》，它比'18'更滑稽。"

从"18"到"22"，这种差异看似不值一提，但对作者和戈特利布来说却意义深远。"22"具有"18"或其他任何数字不具备的主题意义。在《第22条军规》中，所有的事都是成双的。尤索林两次飞越位于费拉拉的桥，他的食物两次被下毒；书中还有一章"一个目睹所有事情两次的士兵"，讲的是一位自我感觉能体验所有事情两次的牧师；尤索林对快要死去的斯诺登说的是"那儿，那儿"，斯诺登唯一能回答的是"我能，我能"；尤索林无意中听到一个女人不断地重复着乞求道："请不要，请不要，少校少校"。双数是一种文体工具，它能暗示事实必需的本质。没有东西是单独存在的、清晰明确的。题目由重复的数字组成（"2"代表双重性，又由两个"2"组成"22"），传达了一种《第18条军规》无法企及的意念，更完美地体现了这部作品的精髓。这神来之笔后来甚至成了美国文化中的流行词汇。

戈特利布为这本小说的出版倾注了很大心血。回忆起《第22条军规》的书稿，约瑟夫·海勒称戈特利布是一位大刀阔斧、无情的编辑，有时候大段大段地修改。迈克尔·科达是戈特利布核心团队的重要成员，以后接任戈氏成为西蒙-舒斯特的总编辑。他在《因缘际会》中回忆说，该小说的手稿不停地重新打印，"打印的一块块纸片散落在戈特利布狭小办公室的每一个角落，看上去像是一幅拼图。我感觉这才是所谓的编辑工作,我渴望这样的工作。"其后,科达也成了著名的图书编辑,不能不说得益于他的言传身教。

另外,戈特利布还建议海勒不要急于出版书稿,再花两年时间进行改写,愈发使这本书蒙上了一层神秘的色彩,因为从头到尾只有戈特利布和他的助手读过。戈特利布不仅是一个高明的编辑,还是一个营销高手。每次出版延后,戈特利布都巧妙地加以处理,并再次加强别人的心理预期,然后偶尔透露一两段情节,登上《巴黎评论》这一类的高级刊物,吊足了大家的胃口。1961年秋天,《第22条军规》一出版,就受到了各界的广泛关注。随后推出的平装版不到一年内就卖了100万册,到1974年销量高达600万册。每月一书俱乐部(Book-of-the-Month Club)也选它为主打书。与此同时,他还将此书的英国版权卖给了乔纳森·凯普书局。这是麦奇勒为该书局买的第一本书,也是他出版过的处女作小说中最成功的一本。最初三个月里,该书局卖了五万册,这一销量甚至超过美国版。戈特利布特意在《纽约时报》上刊登了整版广告来祝贺彼此在大西洋两岸的成功。

这本书一版再版,被看成是黑色幽默的代表作,成为后现代主义的一部经典名作。虽然之后约瑟夫·海勒还发表了很多作品,但作为处女作的《第22条军规》无疑是文学价值最出色的一本。而初出茅庐的编辑戈特利布和发表处女作的作家海勒之间的密切合作也成为文学出版史上的一段佳话。

四、1968—1987 年：克诺夫时代——大展宏图

1968 年 3 月 1 日，永不安分的戈特利布因对现状不满，带着托尼·舒尔特（Tony Schulte）、尼娜·伯恩（Nina Bourne）等得力干将，从西蒙-舒斯特公司转投到克诺夫书局（Alfred A.Knopf）。克诺夫书局 1960 年被合并到兰登书屋，而此时创始人阿尔弗雷德·A.克诺夫已经逐渐淡出，作家的年龄在逐渐变大，创作高峰已过，而那些为克诺夫书局带来优秀好书的优秀编辑也逐渐变老，后继乏人，断层出现了。戈特利布的"跳槽"适逢其时，在许多出版社挖他的同时，兰登书屋开出了对手难以企及的诱人条件，因而如愿以偿。兰登总裁罗伯特·伯恩斯坦（Robert Bernstein）对戈特利布说："别人可以给你提供一份工作，而我可以给你提供一个出版公司。如果你能来，克诺夫书局就是你们三个的了。"兰登的老板贝内特·瑟夫认为戈特利布是一位非常强势、有魅力的出版人，熟悉自己的业务，绝对物有所值。

戈特利布先是担任克诺夫书局的总编辑，1973 年开始又担任其出版人。随之而来的不仅有对他忠心耿耿的一些老部下，还有与他关系密切的一大批顶级作家。在戈特利布网罗的知名作家里，除了约瑟夫·海勒，还有小说家托妮·莫里森（Toni Morrison，1993 年诺贝尔文学奖得主）、约翰·奇弗

(John Cheever)、V.S.奈保尔（V. S. Naipaul，2001年诺贝尔文学奖得主）、迈克尔·克莱顿、约翰·勒卡雷、玛格丽特·德拉布尔（Margaret Drabble）、多丽丝·莱辛（Doris Lessing，2007年诺贝尔文学奖得主），历史学家芭芭拉·塔奇曼（Barbara Tuchman）、安东尼·弗雷泽（Antonia Fraser）和罗伯特·A.卡罗（Robert A. Caro，2003年普利策传记奖得主），以及散文家乔纳森·夏尔（Jonathan Schell）、珍妮特·马尔科姆（Janet Malcolm）、雷纳塔·阿德勒（Renata Adler）等人。

作为全美最负盛名的出版公司，克诺夫书局通过出版大量高品质的图书而赢得了销量和声誉的双丰收。戈特利布入主后，经过多方考虑，在保留这些优良传统的同时，又提高了商业小说和热点名人传记的出版力度，而使出版社的经济收入更上一层楼。同时，他也达到了自己出版事业的巅峰，成为20世纪下半叶美国出版业的标志性人物。

戈特利布曾向《纽约时报》"书评版"的托尼·施瓦茨解释道：作为克诺夫书局的总编辑，我选择图书的原因只是基于是否喜欢它们，而不是试图"迎合那些抽象的营销理念"。他曾拒绝过很多具有商业潜力的图书，因为他认为他们缺乏强烈的"个人独特的声音"，而这正是克诺夫书局的读者群最为珍视的东西。1973年，戈特利布被任命为出版人后，他夜以继日地工作，不仅在工作时间努力处理出版业务，甚至他的夜间和休息日的时间都被审读稿件所占据。高强度工作的结果是他将克诺夫书局的控制权牢牢地抓在了自己的手里。即使这使他显得有点独断专行，但仍有大量年轻而富有天赋的编辑被他独特的个人魅力所吸引，在他所促成的这种非正式的，而又集体主义色彩浓厚的氛围中勤奋工作着。

和克诺夫书局签约的作家们都提到，戈特利布有一种善于发现他们手稿中的弱点，并能以不同寻常的诚实与委婉劝说他们修改原稿的独特天赋。而他本人却对自己在图书出版过程中所做的巨大贡献十分谦虚低调，以非常中肯的观点来看待他的编辑角色。他认为，"一个编辑本质上扮演着一个服务的工作"，为的是"帮助作者完美表达他的构思"。他对舒瓦茨说："我不认为编辑是一种最具创造性的天才，那是难以企及的……人们从我身上发现的作为编辑的那些品质，譬如眼光啊，善意啊，品位啊，耐心啊，以及旺盛的精力啊什么的，这些都没什么了不起的！我对这些素质反倒不看重……我其实只做了一件事，那就是保护和培育艺术家的才华。我的工作就是呵护这些美妙的天才。"

戈特利布在亲自看稿改稿的同时，还承担繁重的组织工作。在引进那些富有创造力的当代作家的同时，他还引进年轻编辑，消除内部矛盾，构建欣欣向荣的编辑群体，使大家感觉像生活在一个欢乐的大家庭一样。哈珀-柯林斯公司（Harper Collins）的现任总裁简·弗里德曼（Jane Friedman）1968年进入克诺夫书局时只是版权部的一名录音打字员，她在此度过了她人生最重要的成长期。她回忆说，她感觉那时就像生活在梦幻世界里一样。

如鱼得水的戈特利布打造了自创始人克诺夫夫妇当政以来的又一个"黄金时代"。1984年11月，为表彰戈特利布对出版业的贡献，国际笔会（PEN）授予他"笔会出版人奖"（PEN Publisher Awards）。理由是他"对世界文学以及作家的自由和尊严所做的特殊而长久的服务"，他被褒扬说"提供了一流出版公司所应具有的标准"。

五、1969年：《天外来菌》——兼爱通俗

在坚持严肃的文学品位的同时，戈特利布出于商业性的考虑，也不掩饰对大众文化和通俗小说的偏爱，擅长编辑这些所谓"好的烂小说"。比如他把从西蒙-舒斯特带来的迈克尔·克莱顿变成了超级畅销书作家，而约翰·勒卡雷也转投其门下，给克诺夫书局带来了滚滚财源。

有"间谍小说第一人"美名的英国畅销小说家约翰·勒卡雷1961年至1968年在美国出版了5部小说，其中1964年的《冷战谍影》（*The Spy Who Came in From the Cold*）荣登美国文学畅销书榜第一名。戈特利布一到克诺夫书局，就千方百计把他招之麾下。从1972年至今，他在美国出版了12部间谍小说（除了最后一部在斯克里布纳出版，与克诺夫书局同在兰

登书屋旗下）。由于其巨大的声誉和销量，仅《夜班经理》（*The Night Manager*，1993年）一本书的北美精装书和平装书版权，克诺夫书局就支付了500万美元，在当时是一个天价数字。戈特利布一直是勒卡雷的责任编辑，即使他离开克诺夫书局期间也不例外。勒卡雷相信戈特利布提出的意见和建议，乐于重写他的小说。他曾说过：在所有重大问题上，戈特利布总是对的。他认为戈特利布对《完美间谍》（*A Perfect Spy*）的修改真的是独具慧眼，被对方删掉的那些语句仍然时时让他感到脸红。有趣的是，与勒卡雷工作时，戈特利布总是往小说里加逗号，而他总是把逗号删除，但双方互相了解对方的特点。在双方的共同努力下，《锅匠、裁缝、士兵、间谍》（*Thinker，Tailor，Soldier，Spy*）荣登1974年美国文学畅销书榜第4名，《模范生》（*The Honourable Schoolboy*）是1977年的第4名，《伦敦谍影》（*Smiley's People*）是1979年的第10名，《鼓女》（*The Little Drummer Girl.*）、《完美间谍》是1983年的第4名，《红场蝶恋》（*The Russia House*）是1989年的第7名。

2008年11月，有着"科技惊悚小说之父"的美国著名畅销书作家迈克尔·克莱顿（Michael Crichton）因癌症去世，享年66岁。他的书已被译成36种语言，畅销书几乎本本被好莱坞搬上银幕，在全世界拥有亿万忠实读者和影迷，而其中大家最耳熟能详的就是《侏罗纪公园》（*Jurassic Park*）。1969

年之前，他曾经用笔名发表了几部小说，但并不成功。1969
年他用本名出版的畅销书《天外来菌》（*The Andromeda
Strain*，又译为《安德洛墨达品系》）同时卖出了电影版权，
巨大的成功使他下定决心弃医从文。这部作品使他成为美国
最成功的小说家之一，从此克莱顿写出了一部又一部畅销小
说。而这一切与戈特利布的努力是分不开的。1968 年，经代
理人琳恩·内斯比特的推荐，克莱顿将用本名发表的第一部
小说《天外来菌》寄给戈特利布。戈特利布用最快的速度看
完稿子后，建议他完全推倒重写。等他返工之后，戈特利布
看完后又建议他重写其中一半的内容，而克莱顿也完全照
办。稿子初步完成后，戈特利布又建议他在人物描写上不要
太过面面俱到，使其变成纯粹的文献记录，以及作品应该客
观，不带个人色彩，等等。在戈特利布的精心打造下，克莱
顿逐渐形成了自己的小说特色：大胆想象，思维敏锐，叙事
宏大，语言简洁；情节诡秘，悬念不断，高潮迭起，扣人心
弦。由此商业上的成功也不在话下了。1969 年至 1999 年的 30
年间，迈克尔·克莱顿在克诺夫书局出版了 22 本小说，为其
带来了滚滚财源。有趣的是，1997 年简·弗里德曼执掌哈珀-
柯林斯之后，克莱顿在她的感召下于 2001 年转投哈珀-柯林
斯。他们签订了两本图书的出版协议，预付款总额高达 400
万美元。

六、1982年:《简·萨默斯日记》——慧眼识莱辛

2007年10月11日,瑞典皇家文学院宣布将诺贝尔文学奖颁发给英国女作家多丽丝·莱辛。瑞典文学院在颁奖词中,称莱辛是"女性经历的史诗作者,用怀疑主义、才华激情和预言的力量,来审视被割裂的文明"。颁奖词还提到莱辛的小说《金色笔记》(*The Golden Notebook*),"在20世纪那些描述男性女性关系的作品中,是开创性的"。由《金色笔记》而一步步走向文坛巅峰的多丽丝·莱辛,在美国最应感激的人无疑是戈特利布。

当《金色笔记》第一次在美国出版时,莱辛女士仍不知名。因此,这本书只卖出了6000册。"但那是非常有效的6000册,"作为该书责任编辑的戈特利布在事后接受采访时说:"正是这6000册起了作用,读过它的人都被它触动了,这使她在美国成了著名作家。"继《金色笔记》之后,戈特利布便成了莱辛作品与美国读者见面的桥梁,他们的友谊与合作再也不曾中断过。

20世纪80年代初,多丽丝·莱辛又接连写了两部长篇小说,一部是《一个好邻居的日记》(*The Diary of a Good Neighbor*),另一部是《假如老人能够……》(*If the Old Could…*)。她想试试是她的名气还是她的作品在起作用,就让她的代理

人匿名投给了英国伦敦的两个大出版商——乔纳森·凯普书局和格拉纳达书局（Granada）。两者虽然以前出版过她的许多作品，但都没有想到她是这两本手稿的真正作者，竟将其拒之门外。乔纳森·凯普认为书稿很不错，只是不太具有商业前景。而格拉纳达的意见则是主题"太消沉"。有趣的是，为保证这个"实验"的成功，第一本简·萨默斯小说投到乔纳森·凯普时，没有被送到莱辛原先的责任编辑汤姆·麦奇勒的手中，而是给了另一个位置更高的编辑。

最终，这两部书稿又被代理人转投到莱辛原先的出版商迈克尔·约瑟夫（Michael Joseph）。出版人决定保守秘密，冒险一试。这两本书分别于1983年和1984年出版，署名"简·萨默斯"（Jane Somers）。书皮上只是介绍说："简·萨默斯是一个著名女记者的笔名（Jane Somers is the pseudonym for a well-known woman journalist）。"结果，这两本书每种只卖了1500册。

当1982年戈特利布出访伦敦时，代理人又以同样的方式把书稿拿给他看。作为莱辛的密友，他一眼就看出真正的作者就是莱辛。戈特利布对其同事一直保守这个秘密，克诺夫书局把这两部小说和其他新人的作品同等对待，分别于1983年和1984年出版。因为没有作家的名字或其他著名的噱头来促销，这两本书销售的结果是寥寥评论，销量一般，才各自卖了3000册。而以前署名莱辛的著作，仅精装本的每本销量就在15000～30000册。而《金色笔记》当时已经卖了90万本。戈特利布事后评价说，这是实实在在的3000册。

后来，莱辛将《一个好邻居的日记》和《假如老人能够……》这两本小说合成一册，以《简·萨默斯日记》（*The Diaries of Jane Somers*）为名交给乔纳森·凯普书局出版，让后者尴尬万分，真相才得以大白。

七、1987—1992年：《纽约客》时代——人生五味

成立于1925年的《纽约客》杂志由哈罗德·罗斯一手创办，作为真正的作家杂志，该刊鼓励优良的创作以及深刻的报道，有时为了坚持其高端的品位甚至不惜牺牲自己的部分读者，多年的敬业经营使这份周刊获得了广泛的声誉和独一无二的地位。作为执掌这家杂志长达30年的总编，威廉·肖恩缔造了近乎传奇的杂志事业。在被他吸引到这份杂志里来的闪闪群星中，约翰·厄普代克（John Updike）、安·贝蒂（Ann Beattie）、约翰·麦克菲（John McPhee）、乔纳森·夏尔、约翰·奇弗、雷切尔·卡森（Rachel Carson）等著名作家赫然在列。除了其敏感的文学嗅觉，肖恩更有广泛的兴趣面以及对新兴的社会政治趋势的准确把握，他将杂志塑造成了包含诗歌和短篇小说、漫画、政治报告文学、全球性问题评论、人物介绍，以及散文等诸多文学形式的兼容并蓄的思

想乐园。这份涉猎广博，内容深刻，制作精良的杂志一时间成了"舆论领袖"们人手一册的必备读物。

但是1985年《纽约客》被传媒大亨S.I.纽豪斯（S.I.New-house）（此前他收购了兰登书屋）收购后，其魅力在读者和广告商心目中便开始大大缩水，甚至批评之声也接连不断。一些读者指责杂志的内容越来越枯燥，而版式和封面也变得呆板和公式化。为了应对这样的不利局面，纽豪斯派出了年轻富有朝气的出版人——史蒂芬·弗罗里奥出马，希望能依靠他来遏制广告收入的下滑态势，同时采取策略劝说已79岁高龄的肖恩退休回家，颐养天年。

纽豪斯公开宣布，肖恩将于1987年3月退休，而继任者则是戈特利布，并不是肖恩原先选定的接班人——副主编查尔斯·麦格拉思。出于义愤，肖恩否认他曾同意在3月退休，并宣布他将"自愿、主动"地离开《纽约客》，郁郁寡欢的他死于1992年。深信肖恩被纽豪斯羞辱的《纽约客》员工们，发起了声势浩大的抗议活动。他们把矛头对准了貌似与纽豪斯一个阵线的戈特利布，包括著名作家麦克菲、贝蒂、罗杰·安吉尔（Roger Angell）、卡尔文·特里林（Calvin Trillin），甚至隐居的J.D.塞林格（J.D.Salinger，《麦田守望者》的作者）在内的150名老搭档们联名起草了一封信给戈特利布，敦促他拒绝任命，并在信中重申，他们深信，只有熟悉杂志的核心成员才能使《纽约客》走向成功。但戈特利布在随后一封简短的回信中拒绝了这一要求。

入主《纽约客》后，戈特利布立即展开了对肖恩旧将的安抚工作，但在管理上却采用了比前任更为严格的方式，他变得比以前更容易让作家亲近，并让一直很受欢迎的麦格拉思担任了二把手。他将头两年的工作目标定位在让《纽约客》的老读者们安心，《纽约客》将继续以往的特色，不改初衷。这位新任的总编更喜欢设计活跃丰富并包含更多漫画风格的杂志封面，还要求将选题范围扩展得更加广泛。对于每周的"本城闲话"（Talk of the Town）栏目，他倾向将其文化内涵覆盖在更为年轻的读者身上。此外，戈特利布减少了杂志的新闻性，同时延续了肖恩时代就开始的对优秀原创作品重视的传统。他大胆聘请了一些新的评论家，包括特伦斯·拉夫荻（Terrence Rafferty）的影评和书评、米弥·克莱默（Mimi Kramer）的戏剧评论、霍莉·布鲁巴赫（Holly Brubach）的时尚评荐、亚当·高普尼克（Adam Gopnik）的艺术评论，以及康妮·布鲁克（Connie Bruck）的商务评论。他还向评论界以外的人士敞开怀抱，吸收了众多优秀的知识分子参与杂志创作，包括流浪汉问题专家乔纳森·科佐尔（Jonathan Kozol）、外交事务专员雷蒙德·邦纳（Raymond Bonner）和弥尔顿·维奥斯特（Milton Viorst）、美国联邦储备委员会事务专家威廉·格雷德（William Greider）。或许这些就是戈特利布在《纽约客》中最成功的举措，但同时他也设法挽留那些在肖恩时代就签约的杰出作家们。

《纽约时报》的观察员埃里克·佩斯在肖恩的讣告中这样说道:"戈特利布对肖恩在《纽约客》里遗留的精神遗产的保护要远远多于摒弃。"但就是因为戈特利布过于小心谨慎,生怕被人认为是破坏《纽约客》的元凶,在不知不觉中变成了走肖恩路线的活木乃伊。在他担任主编5年之后,《纽约客》的传统已经不再符合潮流,也不能吸引年轻读者了。到1992年夏天,《纽约客》到了垂危濒死的境地,纽豪斯又一次采取突然袭击的方式,解雇了戈特利布。

戈特利布是在日本的电视上看到了自己被解职的新闻的。继任者是原《名利场》的主编蒂娜·布朗(Tina Brown),她使《纽约客》走上了更为时尚的路线。纽豪斯想要的是全新的《纽约客》,迪尔德丽·卡莫迪在《纽约时报》这样评论道:"很显然,戈特利布并没有实现他老板的意愿。"纽豪斯认为戈特利布没有把握住这世上再难寻的好平台,这种想法也得到了他本人的证实。戈特利布沮丧地说道:"我不想让任何人认为我受到了不公正的待遇,他(纽豪斯)对我已经极为慷慨了。"甚至很多《纽约客》的员工也对戈特利布的离去感到遗憾,"他已经得到了很多人的尊重。"

从戈特利布编辑生涯的这一艰难的转身,我们也看到一个成功的图书总编辑,并不能很好地转化为一个成功的杂志主编。天才只是在特定的区域内才发挥出最夺目的光彩。但

不管怎么说，他也因位列《纽约客》主编的"皇家阵容"而
闻名一时，不容抹杀。

在担任《纽约客》主编的同时，他还忙里偷闲，满足了
自己的爱好，做了自己擅长的图书编辑工作，他认为自己并
没有真正离开克诺夫书局。戈特利布对庸俗的工艺品有偏
好，有收集女士塑料包的爱好，1988 年因此还出版了一本
《特别的风格：塑料包的艺术（1949—1959）》（*A Certain
Style: The Art of the Plastic Handbag*，1949—1959，克诺夫
书局）。他力劝约翰·契弗把他所写的小故事集成一本有趣的
书——《约翰·契弗短篇小说选》（*The Uncollected Short Sto-
ries of John Cheever*），作者因此而获得 1979 年的普利策文学
奖。1991 年，他又一鼓作气，编辑了《约翰·契弗日记》
（*The Journals of John Cheever*，克诺夫书局）。总之，他擅长把
他的喜好和他的编辑职业紧密地结合起来。

八、1992 年至今：作家编辑两相宜

在《纽约客》工作期间，戈特利布一直担任克诺夫书局
的编辑顾问（consultant editor）。被解职后，他重返克诺夫书
局，担任名誉总编辑（general editor at-large）一职，作为作
家和编辑继续活跃着。忙碌一生的他，现在终于有时间来将
自己的爱好转化成文字与读者见面了。出于对爵士乐的迷

恋，他编纂了《品读爵士》一书，又因自幼以来对芭蕾舞的热爱和职务的便利，他创作了《乔治·巴兰钦——芭蕾舞之王》（*George Balanchine: The Ballet Maker*，阿特拉斯书局，2004 年），以及米凯亚·巴瑞辛尼科夫（Mikhail Barysh-nikov）和"舞蹈皇后"玛歌·芳登（Margot Fonteyn）的传记。与此同时，戈特利布还编辑了《华盛顿邮报》老板凯瑟琳·格雷厄姆和美国前总统克林顿的个人传记，整理出版了《鲁雅德·吉卜林故事选集》（*The Collected Stories of Rudyard Kipling*，克诺夫书局，1994 年），还与他人合编了一本《品读情诗》（*Reading Lyrics*，潘塞恩书局，2000 年）。20 世纪 90 年代末以来，戈特利布成为纽约芭蕾舞剧团的董事、《纽约观察家》杂志的舞蹈评论家和《纽约时报书评》的特约撰稿人。

1.1996 年：《阅读爵士》——爱做乐事

戈特利布开始编辑《品读爵士：从 1919 年至今的自传、报告文学与评论之合集》（*Reading Jazz: A Gathering of Autobi-ography，Reportage，and Criticism from 1919 to Now*，潘塞恩书局，1996 年）一书，动力来自于他对爵士乐那虽姗姗来迟却极其浓郁的激情。为了这本书，他收集了数百名爵士乐手的资料并阅读了几乎所有有关于此流派的介绍文章。1996 年，戈特利布在《访谈》杂志的采访中对记者英格丽·西斯奇谈道，几年前在唱片店购物时与朋友关于爵士乐手的交谈促使他开始收集爵士乐唱片。"用自我强迫的方式，我迷恋上了爵士乐。""我就像一条猎犬一样，拼命地发掘爵士乐资料，即使只是只言片语，只有一心半点的联系，我都要把他们整理出来。"

他同时也开始大量阅读已出版的爵士乐相关书籍，"那些有关爵士乐历史的图书，通通空洞无趣，丝毫不能打动读者。"他对西斯奇说道。于是，他决定自己来编辑一本"阅读爵士乐"的图书，这部1000多页的鸿篇巨制包含了150多篇摘自其他图书、杂志、报纸的文章，还有来自长篇自传作品中的摘要、唱片护封上的说明文字，几乎涵盖了自1919年至1996年期间所有有关爵士的话题和爵士音乐家，如比莉·郝乐迪（Billie Holiday），路易斯·阿姆斯特朗（Louis Armstrong）、迈尔斯·戴维斯（Miles Davis）、查理·明格斯（Charlie Mingus）、贝西伯爵（Count Basie）、阿妮塔·奥黛（Anita O'Day）、阿蒂·肖（Artie Shaw）、莱昂内尔·汉普顿（Lionel Hampton）和卡伯·卡罗威（Cab Calloway）等人的自传体作品。

《纽约时报·书评版》书评影评人彼得·克普纽斯（Peter Keepnews）称《品读爵士》一书"内容丰富，思想深刻"。参与编纂的邦妮·斯莫泽斯（Bonnie Smothers）断言："此书字字珠玑，千金难易！"弗兰克·麦康奈尔在《公益》杂志上热情地赞扬道："这不仅是我看过的最好的爵士乐图书，而且是一本第一次令人真正满意的爵士乐评选集！"他指出："入选的音乐家全都是有代表性的。"虽然市面上有着"不实用，价格高于其本身价值"等评价，但戈特利布发掘并拯救那些默默无闻音乐家的事实得到了应有的赞扬。他还认为该书"简约而不简单，缜密而妙不可言！""对于那些不知'爵士乐'为何物的读者，此书是一本不可或缺的指南……这太让人欣喜了！"

2.1997年：《个人历史》——大显身手

在戈特利布回到克诺夫书局做名誉总编辑后，便开始致力于与格雷厄姆夫人（Katharine Graham，《华盛顿邮报》的出版人）合作，编辑她的回忆录。作为《华盛顿邮报》出版人的女儿，凯瑟琳·格雷厄姆本来致力于相夫教子，因丈夫自杀不得不被推到报业的前台，因毅然报道"水门事件"而出名。这样的名人自传绝对值得编辑出版。不久，戈特利布就频频去华盛顿，与格雷厄姆夫人一起参加芭蕾舞会。曾是格雷厄姆夫人调研员的伊芙琳·斯莫尔（Evelyn Small）微笑着说，戈特利布光着双脚在格雷厄姆夫人的公寓里，边走边改稿件。虽然回忆录字字都出自格雷厄姆夫人之手，但戈特利布大胆地修改了她所写的每一句话，使该书的中心聚焦于她个人生活中有关人性的故事。最后的完稿，让读者有种与格雷厄姆夫人面对面聊天的亲切感。

《华盛顿邮报》的一些朋友建议格雷厄姆夫人书的开头应采取特殊的记叙方式，这是新闻工作者常用的手段。但是，戈特利布让她还是以她父母的婚姻和她艰难的儿时生活这些简单的内容开头。从边缘性的女儿到妻子角色，再到站在国家政治舞台的中央，她这一生的轨迹令人感叹，而书中的叙述却显得很简朴。1997年，该书以《个人历史》（*Personal Life*）为名出版，随后成为畅销书获得1998年的普利策奖。

在格雷厄姆夫人为本书撰写的序言当中，罗伯特·戈特利布和伊芙琳·斯莫尔是她重点感谢的两个人。她认为，如果没有戈特利布的帮助，她将无法完成这本自传。她说："罗伯特·戈特利布是我在1978年最早与之谈论写作这本书的人，他从《纽约客》回到克诺夫书局，成为我的责任编辑。他本着认真和严肃的态度对书稿的重复部分和前后顺序作了大刀阔斧的修改，在书稿的空栏内，我时常看到'我们不需要这些'的字样，甚至对我认为有趣的地方也予以删减，他认为那些内容对文章并不起太大的作用。我真的对被删掉的一页又一页感到惋惜。有时，当我确认为应保留时，鲍勃（罗伯特·戈特利布的昵称）也大度地满足了我的要求。"

3.2004年：《我的生活》——总统为我工作

2001年初美国总统克林顿一卸任，其自传的撰写就提上了议事日程。据有关人士分析，克林顿执掌白宫8年，经历了各种各样的"故事"。经济上，他使美国经历了8年持续的繁荣；军事上，他曾出兵索马里、南斯拉夫联盟；而在个人生活上，他和白宫女实习生莫尼卡·莱温斯基的性丑闻闹得沸沸扬扬，使他的知名度在美国国内外达到空前的高度。也正因为如此，人们普遍期待着克林顿的传记问世。而克诺夫书局对他也寄予了很高的期望，预付给克林顿的版税高达1000万美元，一举刷新美国非小说类图书稿酬的纪录。在正式发行之前，第一版的150万册已经被预订一空。但从历次总统自传的出版来看，失败的例子比比皆是，传主拿走了巨额版税，而出版社独吞苦果。因此，这本自传对出版社和克林顿来说都只能成功，不能失败。

这项编辑的重任就落到了戈特利布这个编辑老手的肩上，他被克诺夫书局指定去接受这项工作。他和克林顿并没有什么特殊交情，但是克林顿却对戈特利布编辑的格雷厄姆夫人的《个人历史》印象深刻。在刚开始接触时，克林顿告诉这位编辑，戈特利布能为他工作他感到很高兴，戈特利布则开玩笑说："你还不了解，你是在为我工作。"对他来说，这只是又一个熟能生巧的"活儿"，并不是什么了不得的大事，只是为他的编辑生涯又添了一本书的记录。

他俩的好奇心都极强，喜欢饶舌，知识广博，因此一拍即合。从一开始，戈特利布就称呼克林顿为"比尔"，而不是"总统先生"，而且刚开始他还向他的同事抱怨克林顿像一个聪明但不想做功课的高中生。其后，两人的关系日渐密切。当克林顿通宵工作的时候，戈特利布会带着睡衣到克林顿家里。或许正是戈特利布对雅文化和俗文化的同等热情，才使他适合去编辑克林顿的书。因为克林顿是一个雅俗均沾的人，而戈特利布对二者同样欣赏。

作为克林顿的编辑，戈特利布对他既不偏爱，也不畏惧。从创作和编辑的角度，他比作者站得更高。他只是去掉他认为多余的部分，即使是克林顿写的东西也逃不过被删节的命运。一旦克林顿对自己成长过程中的电影、橄榄球或摇滚乐文化谈得过多，这些偏离主题的内容就会被全部删掉。最终，这位著名编辑把克林顿的20多本手写笔记压缩成了957页的传记——《我的生活》。这本书随后在全世界售出200多万本，广受好评。

在书的前言中，克林顿由衷地向戈特利布致谢，他写道，"戈特利布是人类历史上最伟大的编辑"，没有戈特利布的帮助，"这本书可能会写的是现在的两倍长，却只有现在的一半好"（如果这是真的，那么，戈特利布抱着这被省掉的一大堆纸的情景肯定会非常可怕）。克林顿还说："与我的编辑戈特利布一起工作是件愉快的事，也是我一生中最有意义的经历之一。"戈特利布也声明说："与克林顿总统一起工作是一种荣耀也是一种快乐，他的书令人惊奇——真实、吸引人、启示人。"

九、结语

如今，这位已入暮年的老编辑壮志不减当年，仍然笔耕不止，他从未曾真正休假过。他认为在他的生活中只有四件事情：工作、芭蕾、阅读、家庭。约翰·勒卡雷也说过，戈特利布一生有三个梦想：纽约市立芭蕾舞团、克诺夫书局和《纽约客》杂志，而他已经实现了这些梦想。在10年前的一次采访中，戈特利布就认为在过去的40年里，自己只有10天完全没工作。他还开玩笑说："在我的墓碑上应该写上：戈特利布，人事已尽（Robert Gottlieb，He Got It Done.）。这并不一定是最高的称颂。但这绝对是我的动力——努力完成要做的事。"

戈特利布还在他的母校哥伦比亚大学新闻研究生院担任"出版课程"的老师，2008年夏天这一期称他为"传奇的编辑"。而他在2007年夏天讲课的题目是"我的编辑生涯"（My Life as an Editor），据说这位年近80的老编辑正在写自己的回忆录，而这是多好的回忆录书名啊！我们期待他的自传早日问世，也希望它的中文版能第一时间介绍到中国来。

参考文献

［1］ 迈克尔·科达.因缘际会[M].陈皓，译.北京:机械工业出版社,2005.

［2］ 汤姆·麦奇勒.出版人:汤姆·麦奇勒回忆录[M].章祖德，等，译.北京:

人民文学出版社,2008.

［3］ 迈克尔·科达.畅销书的故事[M].卓妙容,译.北京:中国人民大学出版社,2006.

（作者：贾骥，叶新，周丽锦；本文刊于《出版史料》2009年第2期）

"传奇"编辑的恣意写作

美国的罗伯特·戈特利布之所以被称为"传奇编辑""大师级编辑""编辑中的编辑"等，自有其充分的依据。他年轻的时候为人作嫁，成就了非凡的编辑生涯，退休之后则勤于笔耕，不断推出新作。2011年正值他的80华诞，他又拿出了一部新作——《文艺名人侧记》（*Lives and Letters*）。一方面对他的辉煌编辑生涯做个简单的回顾；另一方面对他的新作做简单的引介，写这样一篇小文章是最好的隔岸祝寿方式了。

一、编辑生涯最"传奇"

罗伯特·戈特利布自幼聪慧，喜爱文学，上的是哥伦比亚大学、剑桥大学这样的名校。1955年7月，他在西蒙-舒斯特出版社谋到一份职位，担任总编辑杰克·古德曼的助理。古德曼对他很是看重，把手头最好的作者交给他打理。因此，年仅24岁的他直接和S.J.佩雷尔曼（S.J. Perelman）、詹姆斯·瑟伯（James Thurber）、罗曼·加里（Romain Gary）等著名作家打起了交道，并很快建立起自己的作者群。1957年，古德曼不幸去世，出版社高层发生了很大变动，大部分资深员工都离开了，给年轻人提供了更多的发展空间。戈特利布成了一名高级编辑，开始独当一面。进社不到10年的功夫，年仅33岁的他就当上了总编辑。以他为首的团队带来了质量上乘和高水准的通俗小说，好比一股清新的空气横扫了整个出版社，在10年之内打造了西蒙-舒斯特出版社的又一个黄金时代。

其中戈特利布倾力推出、最为得意的杰作就是《第22条军规》（Catch-22）。他和作者约瑟夫·海勒通力合作，提出适当的建议，让作者把书稿改得尽善尽美。出书之前，不断造势，对读者进行"饥饿营销"；出书后，又连续几个月在《纽约时报》（New York Times）等大报上发布广告。在原书名

《第18条军规》（*Catch-18*）与大牌作家的畅销书重名的情况下，他想出用"22"代替"18"，造就了现在广为人知的书名。2011年是该书出版50周年，它的全球销量已经达到1000万册，成了世界知名的文学经典，海勒因此成了黑色幽默小说的鼻祖。

1968年3月，戈特利布担任兰登书屋旗下克诺夫书局的出版人兼总编辑，他更加如鱼得水，手下的大牌作者云集，不乏诺贝尔文学奖得主。而他和两位得主托妮·莫里森（Toni Morrison）和多丽丝·莱辛（Doris Lessing）之间的关系更是体现了一个大牌编辑应有的睿智和才能。

戈特利布到克诺夫书局不久，托妮·莫里森也面临着是去兰登书屋大众图书出版部还是去克诺夫书局的选择。托妮首先去见了戈特利布，两人一见面，戈特利布就对她说，他认为《最蓝的眼睛》（*The Bluest Eye*）是"最棒的一本书，就像一首诗一样"。但是等她谈起要来克诺夫书局做编辑时，以管理严格著称的他坦率地说："如果你想为我工作，我可以让你来。但我不想那么做。我宁愿做你作品的编辑，也不愿做你的老板。"最终她的选择是：把罗伯特·戈特利布当成自己下一本书的编辑，又在"宽松自由"的兰登书屋做大众图书编辑。在戈特利布的"庇护"之下，她写出了《秀拉》（*Sula*）和《所罗门之歌》（*Song of Solomon*）等。但她仍然在兰登书屋上班，编辑自己喜欢的图书。直到有一天，戈特利布对托妮说："这些天你得想明白一个问题，你是一个作家吗？你是一个在写作的编辑吗，或者别的什么？"她茅塞顿开，说："你说的对。让我马上离开吧，我要专门从事写作。"1983年，她离开兰登书屋，专事写作，推出了《宠儿》（Beloved）、《爵士乐》（Jazz）等长篇力作。10年后，她成了获得诺贝尔文学奖的第一个非裔美国人。

当20世纪60年代《金色笔记》（The Golden Notebook）首次在美国出版时，作者多丽丝·莱辛仍不知名。因此，这本书只卖出了几千册。但是，作为编辑的戈特利布认定莱辛必有所成，他们的友谊与合作从此再也不曾中断过。20世纪80年代初，多丽丝·莱辛又接连写了两部长篇小说，一是《一个好邻居的日记》（The Diary of a Good Neighbor），一是《假如老人能够……》（If the Old Could）。她想试试是她的名气还是她的作品在起作用，就让她的代理人把两部书稿匿名投给了她的英国出版商，还有美国的出版人戈特利布。"测试"结果大相径庭，她的英国出版商没有认出是她的作品，予以退稿。而作为莱辛的密友，戈特利布一眼就看出真正的作者是谁。克诺夫书局把这两部小说和其他新人的作品同等对待，分别于1983年和1984年出版。因为没有作家的大名或其他出名的噱头来促销，这两本书出版之后的结果是评论寥寥，销量一般，才各自卖了3000册。

美国最重要的文学杂志之一——《巴黎评论》1994年开办

了"编辑的艺术"栏目，第一个采访的就是戈特利布。通览
20世纪美国图书出版业，如果说马克斯维尔·珀金斯（Max
Perkins）是前50年最重要的图书编辑，那么罗伯特·戈特利
布就是后50年最重要的图书编辑。但是，无论作家怎么抬高
他的编辑贡献，他总认为自己是一个幕后人物，只在作家需
要的时候出现，竭力帮助作家完善他们的作品，然后功成身
退，无碍于作家的光环。那么他是如何与作家打交道，如何
凸显自己作为一个编辑的价值的呢？当约瑟夫·海勒的《事
件》（Something Happened）出版后，《纽约时报》要采访他，
谈谈大功告成的感受。海勒想说的却是戈特利布作为一个编
辑对于他的重要价值。但是戈特利布阻止了海勒，他并不认
为谈论编辑过程和编辑的贡献是一个好主意，因为公众希望
书中的所有内容都只是作者智慧的结晶。托妮·莫里森认为
戈特利布让自己"放松""无拘无束地去想象"。辛西娅·奥
齐克（Cynthia Ozick）把则罗伯特·戈特利布的想法比作一只
"小鸟"。在她写作的时候，总感觉这只小鸟站在她的右肩
上，监督她的工作。她希望得到这只小鸟的认可。这是一只
很挑剔的小鸟，在某种程度上它是一种负担，但也给她种种
认可。《侏罗纪公园》（Jurassic Park）的作者迈克尔·克莱顿
（Michael Crichton）说：我认为每一个作家都应该在额头上纹
上这样的字样——"每个人都需要一个编辑"。多丽丝·莱辛
则认为戈特利布之所以成为他那个时代一名伟大的编辑，也

许是因为他博览群书，深深浸淫于最出色的言论和思想；而在他对作家的作品作出判断的时候，他能够把这些储备应用于实践。

二、写作编辑两相宜

1987—1992年，罗伯特·戈特利布就任《纽约客》（*The New Yorker*）杂志主编，还担任克诺夫书局的编辑顾问。从《纽约客》退位后，他重返克诺夫书局，担任名誉总编辑一职，作为作家和编辑继续活跃在美国文坛。对文艺名人经历感兴趣的他，终于有时间来将自己的爱好转化成文字与读者见面了。他接连推出了《品读爵士》《乔治·巴兰钦——芭蕾舞之王》、米凯亚·巴瑞辛尼科夫（Mikhail Baryshnikov）和玛戈·芳登（Margot Fonteyn）的传记、《品读情诗》等。此时，"编辑"一词对他来说，不再是当年的为人作嫁，而是演化成一种创作方式。

2011年4月，老当益壮的戈特利布又推出了一本新作《文艺名人侧记》，由美国著名文学出版社法勒-斯特劳斯-吉鲁出版社（Farrar，Straus and Giroux）出版。戈特利布的写作主要基于期刊的约稿，还有就是自己的兴趣，"复古"和怀旧的色彩很浓。文章写作的时间跨度也很大，最早的一篇写于1963年12月，最近的一篇成于2011年2月。

这本书分为两大部分：第一部分是演艺时尚界名人；第二部分以作家为主。这些名人大多活跃在20世纪上半叶。前者包括：伊莎多拉·邓肯（Isadora Duncan）、玛戈·芳登、乔治·巴兰钦、平·克劳斯贝（Bing Crosby）、朱迪·加兰（Judy Garland）、范朋克（Douglas Fairbanks）、丽莲·吉什（Lillian Gish）、塔卢拉赫·班克黑德（Tallulah Bankhead）、凯瑟琳·赫本（Katharine Hepburn）、华裔明星黄柳霜（Anna May Wong）、戴安娜·弗里兰（Diana Vreeland），等等；后者包括：查尔斯·狄更斯（Charles Dickens）、詹姆斯·瑟伯、朱迪斯·克兰茨（Judith Krantz）、约翰·斯坦贝克（John Steinbeck）、鲁雅德·吉卜林（Rudyard Kipling），等等。其中最值得一提的是马克斯维尔·珀金斯。他是著名作家菲茨杰拉德、海明威、托马斯·沃尔夫的幕后推手，大家已经耳熟能详。本书提到的是珀金斯和玛乔丽·金南·罗林斯（Marjorie Kinnan Rawlings）。正是在珀金斯的帮助之下，玛乔丽推出了儿童文学作品《鹿苑长春》（*The Yearling*），位居1939年美国文学类畅销书榜的首位，还获得了当年的普利策奖。既显示了良好的社会效益，也体现了巨大的经济收益。在多年的交往过程中，两人把编辑和作家之间的工作关系很好地升华为真挚的朋友关系，演绎了图书编辑领域的"爱情故事"，被传为美国文坛的又一段佳话。罗伯特·戈特利布以自己独特的方式向这位编辑前辈致敬。

　　当然，我们还是希望罗伯特·戈特利布就自己非凡的编辑生涯写一本自传，讲讲编辑"自己的故事"。1947年，马克斯维尔·珀金斯去世，关于自己的编辑生涯没有留下任何的只言片语，直到30年以后 A. 斯科特·伯格（A. Scott Berg）的《天才的编辑》（*Editor of Genius*）一书诞生，他那卓越的编辑成就才彰显于世，至今为业界中人津津乐道。这样的遗憾希望不会出现在戈特利布的身上。

　　（作者：高芳，叶新；本文刊于《出版人》2011年第21~22期合刊）

罗伯特·吉鲁：艺术收藏家般的编辑

罗伯特·吉鲁是一位有着黄金标准文学品位的出版人。

——克里斯托弗·莱曼·H.豪普特（美国书评家）

罗伯特·吉鲁（Robert Giroux，1914—2008）是20世纪美国最著名的图书编辑之一，他与20世纪文学有着密不可分的关系，诸多叱咤于世纪文坛上的文豪、巨匠，因为他的慧眼得以脱颖而出，名满天下，这些受人尊敬的作家包括伊丽莎白·毕晓普（Elizabeth Bishop，1911—1979）、约翰·贝里曼（John Berryman，1914—1972）、T.S.艾略特（T. S. Eliot，1888—1965）、E.M.福斯特（E. M. Forster，1879—1970）、罗伯特·洛厄尔（Robert Lowell，1917—1977）、伯纳德·马拉默德（Bernard Malamud，1914—1986）、弗兰纳里·奥康纳（Flannery O'Connor，1925—1964）、苏珊·桑塔格（Susan Sontag，1933—2004）、琼·斯塔福德（Jean Stafford）、艾萨克·巴什维斯·辛格（Isaac Bashevis Singer，1904—1991）、沃克·派西（Walker Percy，1916—1990）、杰克·凯鲁亚克（Jack Kerouac，1922—1969）、乔治·奥威尔（George Orwell，1903—1950）、汉娜·阿伦特（Hannah Arendt，1906—1975），等等。1987年因在改进文学和文学评论标准方面所做出的杰出贡献，美国国家书评人协会（The National Book Critics Circle）授予他"终生成就奖"。2002年，他又荣获"美国艺术文学院奖"（The American Academy of Arts and Letters）。2008年9月5日早晨，94岁高龄的罗伯特·吉鲁去世，欧美各大媒体纷纷冠之以"文学巨人的养育者""改变美国文学形态的出版人"等荣誉称号。罗伯特·吉鲁到底挖掘了多少文学大师，目前没有定数，正如罗伯特·吉鲁本人所说，一部杰出的作品得到世人的接受和肯定需要相当长的一段时间，因此这个名单还有可能变长。但毋庸置疑的是，罗伯特·吉鲁为20世纪美国文坛造就了一大批伟大的作家，他是成就美国当代文坛繁荣不可或缺的助力。正如美国书评家克里斯托弗·莱曼·H.豪普特所言："罗伯特·吉鲁是一位有着黄金标准文学品位的出版人。"

一、文坛伯乐

阿尔弗雷德·克诺夫（Alfred A Knopf）曾经称赞美国出版业"黄金时代"（指第一次世界大战和第二次世界大战之间）的出版人是"艺术收藏家般的绅士编辑"，最优秀的编辑同时也是最优秀的文学鉴赏家，他们不断发现、挖掘、提携不为人知的文学天才。这其中最为典型的就是罗伯特·吉鲁。

罗伯特·吉鲁在学生时代就对编辑很感兴趣，当时他就读于哥伦比亚大学，同约翰·贝里曼一起负责编辑哥大的文学期刊《哥伦比亚评论》（*Columbia Review*），显露出了他在文学鉴赏上的见地。一次他有幸参加了雷蒙德·韦弗研讨会。韦弗是小说家赫尔曼·梅尔维尔的第一部传记的作者，也是他作品《比利·巴德》第一个阅读者。梅尔维尔在1851年便出版了《白鲸记》（*Moby-Dick*），在当时没有什么影响力，直到出版70年后才声名鹊起，被认为是美国最伟大的小说之一。此次研讨会给吉鲁留下了深刻的印象，他"开始幻想自己能够挖掘文学杰作"。

罗伯特·吉鲁的编辑之路是从1940年进入哈考特·布雷斯公司（Harcourt Brace and Company）开始的。该公司为罗伯特·吉鲁提供了一个高的起点，他一开始就编辑了弗吉尼亚·伍尔夫（Virginia Woolf）的小说《幕间》（*Between the Acts*）和埃德蒙·威尔逊（Edmund Wilson）的作品《到芬兰车站》（*To the Finland Station*）。伍尔夫是当时英国文学界的核心人物，因"布鲁姆斯伯里艺术圈"而闻名，《幕间》是她自杀前的最后一部小说。威尔逊是20世纪美国著名文学评论家，曾是美国《名利场》（*Vanity Fair*）、《新共和》（*The New Republic*）等杂志的编辑，担任过《纽约客》的评论主笔，国际知名文化研究学者李欧梵称他为"美国东岸评论界的霸主"。《到芬兰车站》以欧洲革命传统兴起为例探讨人类历史变革的种种问题，既像一部学术著作，又像一本小说。很多人认为它是威尔逊最重要的著作。许多年后，英国作家V.S.普利奇特（V.S.Pritchett）形容此书"或许是有关20世纪30年代的唯一一本巨著——无论是在英国还是美国。它以小说般的新颖，涵盖了一个论证的人类历史"。

罗伯特·吉鲁从一开始就将自己定位为"艺术收藏家般的绅士编辑"，他用收藏者的眼光去发掘文学作品，推动文学

作品的出版传播。经过他的慧眼，一部部名著问世。第二次
世界大战结束后，他被提升为总编辑。在哈考特工作 15 年
后，1955 年他加入了法尔·斯特劳斯出版社（Farrar,
Straus），并在 1964 年成为该公司的合伙人，因此公司的名字
改成 Farrar, Straus and Giroux（FSG）。

　　1981 年，罗伯特·吉鲁在鲍克公司（R.R.Bowker）的一
次讲演中总结了他的编辑出版经验。在他的观念里，编辑不
仅仅是做案头工作的，很多时候具备一个天才侦探的"嗅
觉"更甚于做一个编辑。罗伯特·吉鲁凭借自身对文学的浓
厚兴趣和敏锐触觉，发掘了不少文学巨匠，他在火车上读到
了当时还尚未有名气的短篇小说家琼·斯塔福德的手稿，因
为过于痴迷阅读，甚至错过了下车，而后罗伯特·吉鲁主动
联系斯塔福德，将她的小说结集出版，名为《波士顿冒险》
（*Boston Adventure*），该书迅速得到读者的好评，成为当时的畅
销书，斯塔福德从此登上美国文坛。1970 年，她获得了普利
策文学奖（Pulitzer Prize for Fiction）。被罗伯特·吉鲁看中的
小说家还包括凯鲁亚克、马拉默德、桑塔格，罗伯特·吉鲁
出版了他们的第一部小说：凯鲁亚克的《小镇与城市》（*The
Town and The City*），马拉默德的《天生好手》（*The Natural*），
桑塔格的《慈善家》（*The Benefactor*），他们日后都成了文学
界最著名的作家。1943 年，他说服戏剧作家威廉·萨罗扬
（William Saroyan，1908—1981）将《人间喜剧》的电影脚本

改写成长篇小说《人间喜剧》（*The Human Comedy*），这本小说作者因其从未经历过正规训练，所以写作时几乎是信手采撷，不受格式限制，没有严谨的结构或重要的情节，甚至没有明确的主题……这种不拘一格通过平凡的人物和事件表现出清新奔放、轻快活泼与感情洋溢的气氛，以及令人振奋的乐观主义态度和鼓舞人们在逆境中去追求生活的乐趣，深深地打动了大萧条时期美国民众的心弦。这本书一经出版便畅销图书市场，后来成了《改变我生命的那本书——71位名家推荐的必读书目》一书的推荐书籍。十分有趣的是，这部小说在同名电影上映之前出版，制片商米高梅电影公司的海报是这么写的："根据威廉·萨罗扬的同名小说改编"。同名电影获得了奥斯卡奖，因此该书也得以大卖特卖。而在非文学领域，1951年罗伯特·吉鲁出版了20世纪最伟大、最具原创性的思想家、政治理论家之一汉娜·阿伦特的《极权主义的起源》（*The Origins of Totalitarianism*）。正因如此，罗伯特·吉鲁赢得了美国文坛"伯乐"的声誉。

关于编辑的素质，罗伯特·吉鲁认为，一个好编辑除了应有的判断力和品位，还必须做到"神入"（empathy），即能进入作者的创造世界，不仅仅是能领会作者想达到的目的，而且是帮助他们充分实现它，编辑运用这只"神秘之手"去帮助作者尽量发挥他们的创造潜力。吉鲁在出版了马拉默德的处女作《天生好手》后，一直关注和鼓励着马拉默德，令这位人到中年的大学教授保持着旺盛的创作激情。1966年，罗伯特·吉鲁又出版了马拉默德的《修理匠》（*The Fixer*），这本小说大受书迷的好评与青睐，为他赢得了普利策文学奖，并第二次荣获国家图书奖（National Book Award），马拉默德因此而闻名于世。

从20世纪40年代他担任诗人T.S.艾略特的编辑开始到20世纪90年代末他出版小说家、散文家乔治·奥威尔的作品，罗伯特·吉鲁运用他的"神秘之手"，出版了很多名人的第一本书，如杰克·凯鲁亚克、弗兰纳里·奥康纳、琼·斯塔福德、伯纳德·马拉默德、苏珊·桑塔格、威廉·加迪斯（William Gaddis）等。在他编辑过作品的作家中，有7人获得过诺贝尔文学奖：T.S.艾略特（1948年）、亚历山大·索尔仁尼琴（Aleksandr Solzhenitsyn，1970年）、艾萨克·巴什维斯·辛格（1978年）、威廉·戈尔丁（William Golding，1983年）、纳迪娜·戈迪默（Nadine Gordimer，1991年）、德雷克·沃尔科特（Derek Walcott，1992年）和谢默斯·希尼（Seamus Heaney，1995年）。这位"伯乐"为20世纪文坛增添了不少璀璨的星光。

二、网罗天才

美国编辑，特别是出版社的编辑，在出版界占有很重要的地位。他们自己不一定是作家，外界很少有人知道，但对作家们的影响很大，这些编辑发掘了作家，或者在作家成了名后，一直在精神上给予支持，在写作上给予引导。这类作家与编辑间关系如果密切了，往往造成作家随编辑而行的现象，即编辑如果换了书局，作家也随之而去。而一个书局如果要将一个当红作家从另一家书局挖过来，最好的办法便是出高薪先将他的编辑聘请过来。

罗伯特·吉鲁加入FSG也是挖角的结果，这是该公司得以飞速发展最关键的因素。FSG的前身是法尔·斯特劳斯出版社，成立于1946年，由罗杰·斯特劳斯联合一家信托基金和资深出版人约翰·法劳共同创办。当初斯特劳斯最看重的总编辑人选就是罗伯特·吉鲁，可罗伯特·吉鲁没有答应。斯特劳斯初衷不改，一直等了整整9年，终于迎来了罗伯特·吉鲁的加盟。在1955年罗伯特·吉鲁加入担任总编辑一职时，出版社仍处于起步阶段。他将大诗人T.S.艾略特带进这家尚处创立阶段的新出版社。随后几年，16位作家接踵而至，包括约翰·贝里曼、罗伯特·洛厄尔、琼·斯塔福德、伊丽莎白·毕晓普、弗兰纳里·奥康纳和伯纳德·马拉默德。虽说往往是作家跟着编辑换新的出版社，但有时作家们也会追随别的作家。这样，在FSG的作家队伍中，很快又新增了杰克·凯鲁亚克、汤姆·沃尔夫（Tom Wolfe）和约翰·麦克菲等人的名字。

在罗伯特·吉鲁任职的50多年间，FSG聚集了很多名作家，很多作家为了与罗伯特·吉鲁合作而拒绝了其他出版社提供的优厚待遇。在吉鲁的努力下，FSG可谓星光熠熠，单从有22位诺贝尔文学奖得主、22位普利策文学奖得主，以及多位国家图书奖得主的著作都是由这家出版社出版便可见一斑。没有吉鲁的慧眼，也许读者们会少看很多佳作。

罗伯特·吉鲁能吸引大批知名作家跟随，这与他的个人能力密不可分。他的文学修养、文学品位以及作为一个文学编辑的感悟力和敏锐度都是他与作家们沟通的桥梁。然而，更重要的是他与作家之间彼此信任、彼此忠诚的朋友关系。吉鲁曾为一文不名的T.S.艾略特争取诗歌朗诵报酬，通过他的努力，报酬从100美元涨到1000美元。在艾略特的巡回朗诵演讲中，吉鲁还充当了他的非官方代理，甚至为他出资订机票。在作家们的心中，吉鲁就像一个可靠的朋友，罗伯特·洛厄尔对于银行的支票账户束手无策，他向吉鲁求助，吉鲁立即陪同他去联邦广场大通银行办理相关业务。1978年，辛格去瑞典首都斯德哥尔摩领取诺贝尔文学奖时，也是吉鲁全程陪同。这既说明了辛格对他的信任和感激，也说明了他作为作家"保姆"的重要性。苏珊·桑塔格的第一部小说《慈善家》出版后，赞誉和批评纷至沓来，吉鲁总是鼓励和支持她，以致FSG成了桑塔格终其一生的出版社。FSG的现任总裁乔纳森·加莱西在谈到桑塔格的去世时说："她是我们的核心作家之一，她是塑造了FSG风格的人物之一，也给美国文化带来了重要的影响。"桑塔格与FSG的渊源极深，她的儿子大卫·瑞夫从普林斯顿大学毕业后，在FSG出版社做了10年编辑。这些无不建立在最初吉鲁与桑塔格相互信任的基础之上。

罗伯特·吉鲁爱惜人才，对作家非常尊重。他去探望因为政治罪而被收容在华盛顿圣伊丽莎白医院的诗人艾兹拉·庞德（Ezra Pound），庞德瞪着吉鲁叱问："你来地狱干什么？"吉鲁回答："我是来顶礼膜拜诗人的。"正是这种坦诚，平息了庞德的怒火，令这位暴躁的诗人转而变得恭敬。正是因为这种尊重，吉鲁得到了作家们最大的信任：酗酒的作家会听从他的劝说；作家的私人公寓可以对他开放，如他受邀参观罗伯特·洛厄尔的私人公寓，这所公寓甚至连洛厄尔的母亲都不被允许进入……作家们也愿意把自己的亲朋好友介绍给他，例如小说家斯塔福德，把她的丈夫罗伯特·洛厄尔介绍给吉鲁，吉鲁出版了他的诗歌《献给联邦死难者》（*For the Union Dead*），从而揭开了20世纪60年代自白诗运动的序幕。洛厄尔又将弗兰纳里·奥康纳介绍给吉鲁，当时奥康纳的《慧血》（*Wise Blood*）已经签了另一个出版社，吉鲁把她争取了过来……吉鲁以他的个人魅力建立起一张无形的网，网住了许许多多的文坛天才，他用这张网使FSG的声誉质量保持了50多年。

三、遗珠之憾

罗伯特·吉鲁与众多名家名作结缘，也不免与经典之作失之交臂。其中常被人提到的两个例子便是杰罗姆·大卫·塞林格（Jerome David Salinger）的《麦田守望者》（*Catcher in the Rye*）和杰克·凯鲁亚克的《在路上》（*On the Road*）。

20世纪50年代，塞林格在《纽约客》刊物上发表了不少短篇小说，当时仍然在哈考特公司的罗伯特·吉鲁很欣赏塞林格的小说，主动给他写信，希望将他的小说结集出版。但没有任何回音。几个月以后，为了答谢吉鲁的诚意也是因为《纽约客》主编威廉·肖恩的大力推荐，塞林格不请自来，答应自己正在创作的长篇小说完成后将会给吉鲁审稿。这个长篇就是日后被称为"现代文学经典"的《麦田守望者》。吉鲁异常兴奋，与塞林格"绅士般"地握手为约。又过了一年，塞林格交来了书稿，吉鲁非常看重，向哈考特的老板鼎力推荐，可惜习惯了做教材的新老板不喜欢也不理解这本小说，问吉鲁"书中的小孩是不是疯子"。甚至他还建议交给教材编辑部审稿，理由是这部书稿中的主人公是一个学生。结果书稿被否定了，对方说："这本书不适合我们出版，试试兰登书屋吧！"吉鲁错失了一次出版世界名著的机会，内疚异常的他因此萌生了离开哈考特的念头。

　　这个例子恰恰说明了"文人"与"商人"（或者说"编辑"与"出版人"）之间的差距，如果完全按照商业的眼光来决定文学创作，无疑会遗漏掉很多在文学意义上具有"经典"或"精品"价值的作品。吉鲁进入FSG之后，也面临着同样的问题，但与之前不同的是，吉鲁在1964年成为了公司的合伙人，公司名称上加入了他的名字，这意味着在出版方面吉鲁有着相当大的自主权。后来，吉鲁果然遇到了相似的情形，当乔治·奥威尔递交了他的《1984》时，吉鲁的上司因为其太太认为这本书"恶心"而不愿出版，但吉鲁还是坚持了自己的看法，最终出版了这部大名鼎鼎的作品。

　　另一个例子是凯鲁亚克。罗伯特·吉鲁出版了他的第一本小说《小镇与城市》，一部按照风俗和历史事件的编年体例来描写家庭和社会的史诗。吉鲁对凯鲁亚克也有着"知遇之恩"，所以凯鲁亚克在创作《在路上》的时候，同他分享手稿的人，他首先想到的是吉鲁。凯鲁亚克的《在路上》采用了一种全新的写作方式（艾伦·金斯堡称之为"自发式的波普诗体"），这种方式使他能在20天的时间里，在打字机上用一整卷纸写完整本书而不用换纸张，也极少进行字句上的改动。他将《在路上》的手稿拿给吉鲁，希望能得到这位出版自己第一本小说的编辑的肯定。然而吉鲁从一个编辑的职业角度，对这叠乱七八糟粘在一起、类似厨房卷筒纸的打印纸提出了意见，认为这么混乱的手稿编辑是没法看的。原本抱着分享喜悦之情的凯鲁亚克犹如一盆冷水浇头，他气愤地说："一个字也别想动。"他不听吉鲁的任何说辞，将摊在桌上的手稿胡乱卷起后扬长而去。1957年，这本小说经过重大修改后在纽约维京出版社（Viking）出版，引起当时文坛的极大轰动，开启了"垮掉的一代"。吉鲁对此一直耿耿于怀，他为自己拘泥于形式错过名著而抱憾终身。不过在吉鲁的感召之下，凯鲁亚克还是回到了FSG，出版了他余下的其他作品。

在罗伯特·吉鲁长长的出版名单中，这两个失误虽然已经定格，却否定不了他在文学出版上的功绩。《纽约时报》职业书评人克里斯托弗·莱曼-豪普特称赞吉鲁是有着"黄金标准文学品位"的出版人。上述的两个失误从另一个层面上也说明，正因为他在行内的口碑，经典名著才会在他面前驻足。事实上，他在20世纪的文学出版上功绩斐然，他亲自编辑了伍尔夫、辛格、卡尔·桑堡、毕晓普、凯瑟琳·安尼·波特、沃尔科特和戈尔丁等名家著作的美国版，将大量各地不同的优秀文学作品介绍给美国和其他英语国家的读者。经他拍板出版的书，大部分已成经典。在他的作家名单中，T.S.艾略特被文学界视为"现代西方开一代诗风的先驱"，现代文学批评的大师；约翰·贝里曼和罗伯特·洛厄尔都是美国自白派诗人，倡导了美国自白派诗歌运动；伊丽莎白·毕晓普以她"梦幻般敏捷的"诗歌感动了三代读者，包括约翰·阿什伯里、詹姆斯·梅利尔、马克·斯特兰德、C.K.威廉斯和尤莉·格雷厄姆等风格迥异的诗人都承认毕晓普对自己有着重要的影响，甚至同时代的罗伯特·洛厄尔也从她的作品里受益匪浅并对她推崇备至；苏珊·桑塔格在第一部小说《慈善家》中引入了法国"新小说"的创作风格，突破了传统小说结构框架，掺入了很多散文随笔的片断，从而引导新的小说创作之风……如此种种，也使吉鲁成了"改变美国文学形态的出版人"，甚至可以说，他推动了世界文学的发展。

每月一书俱乐部的前老板阿尔·西尔弗曼在他2008年出版的新书《黄金时代：美国出版业风云录》（*The Time of Their Lives*）（叶新等译，机械工业出版社2010年出版）中，将吉鲁推崇为第二次世界大战后美国出版业"四大编辑"之首，排在罗伯特·戈特利布、罗伯特·卢米斯（Robert Loomis）、科里斯·史密斯（Corlies Smith）之前，此言不虚。而吉鲁也始终以好编辑自居，对做出版人嗤之以鼻，他认为大部分出版人都是只知道出书而不看书的人，而他完全做不到。

罗伯特·吉鲁与T.S.艾略特曾经有一段非常有意思的对话，吉鲁问艾略特是否同意一种说法，即一大半的编辑都是些没有成就的作家。曾经做过英国费伯书局（Faber & Faber）编辑的T.S.艾略特回答说："或许如此；可是，一大半作家也都是些没有成就的作家。"因此，吉鲁终身都坚持一种观念："一个作者不能写出杰作，至少不要生产垃圾；一个出版人，不能发掘杰作付印，至少要避免出版垃圾。"吉鲁通过编辑这一职业实现了他的"文学梦想"，他就像一名耕耘在当代文苑的园丁，不遗余力地培育文坛新秀，同文学巨匠结缘。现在，他虽然远去了，但他编辑出版过的经典会流芳百世。

参考文献

［1］ George Plimpton. Robert Giroux：The art of publishing III[J]. The Paris Review，Summer，2000.

［2］ Rachel Deahl. Robert Giroux Dies at 94[J]. Publishers Weekly，September 5，2008.

［3］ Christopher Lehmann-Haupt. Robert Giroux，Editor，Publisher and Nurturer of Literary Giants，Is Dead at 94[N].The New York Times，2008-09-06.

［4］ Robert Giroux. Influential American publisher and editor[J/OL]. Times Online，2008-09-08.

［5］ Matt Schudel. Robert Giroux，Publishing Maverick Discovered and Edited Great Writers[N]. The Washington Post，2008-09-06.

［6］ Lev Grossman. Robert Giroux[N]. Time，2008-09-11.

［7］ Al Silverman. The Time of Their Lives: The Golden Age of Great American Book Publishers，Their Editors and Authors[M].New York: Truman Tally Books，2008.

（作者：易文翔，叶新；本文刊于《编辑之友》2009年第7期）

帕斯卡·柯维希

——文学大师后面的推手

> 只有一个作者才能够理解，一个伟大的编辑如何能做到既是一位父亲、母亲、教师，也是一个魔鬼或者上帝。
>
> ——约翰·斯坦贝克

在美国出版业的黄金时代，帕斯卡·柯维希和约翰·斯坦贝克长达30年（1934—1964年）的友谊一直被传为佳话，对于今天的出版人亦有无尽的启示。

约翰·斯坦贝克是美国著名的小说家、文体学家、新闻记者和社会批评家。他是继刘易斯、奥尼尔、赛珍珠、福克纳和海明威之后第六位获得诺贝尔文学奖的美国人，被公认为20世纪美国最重要的作家之一。斯坦贝克一生创作了近20部小说，主题涉及文化、政治、战争、自然科学和社会等各个方面，对后世产生了重大影响。

斯坦贝克声名显赫，然而他背后的无名英雄柯维希在出版界之外也许并不为很多人所知。当然，在编辑与作者的关系中，这是普遍的现象。编辑在最初选择这一行业的时候，就已经对此心知肚明而且心甘情愿。本文以柯维希为主角，以他在与斯坦贝克的关系中所扮演的角色为线索，试图找到让这棵友谊之树常青的养分。

一、执着的编辑

柯维希把他全部的热情和精力都奉献给了出版事业，先是一个不够成功的出版商，后来作为一位伟大的编辑而施展了其全部的才华。

早期的柯维希出版过月刊，开过出版社和书店。1928

年，柯维希在纽约和唐纳德·弗里德合作开办了又一家出版社——柯维希-弗里德公司，曾经出版了西奥多·德莱塞的小说《美国悲剧》和洛克维尔·肯特的现代插图版《坎特伯雷故事集》等。在此期间，他结识了他一生中最重要的一位作者，也是一位难得的挚友——约翰·斯坦贝克。柯维希-弗里德公司于1934年与斯坦贝克签约，次年就出版了斯坦贝克的《煎饼坪》。此后不久，唐纳德·弗里德另谋出路，公司举步维艰。1938年，维京出版社的社长哈罗德·金斯伯格给他发了一份电报："你想离开公司了吗？"柯维希带着斯坦贝克一起来到了维京。斯坦贝克在维京出版的第一部作品是《长谷》。从那时起一直到1964年柯维希去世，一位伟大的编辑和一位伟大的作者以维京出版社为舞台，不断上演精彩的剧目：《愤怒的葡萄》《人与鼠》《伊甸之东》等，为美国文学史乃至世界文学史留下了宝贵的财富。

在维京出版社期间，除了斯坦贝克，与柯维希合作的作者还包括吉尔伯特·海特、莱昂内尔·特里林、阿瑟·米勒和索尔·贝娄等。贝娄的小说《赫佐格》的出版也要归功于柯维希。

二、慧眼识珠的伯乐

约翰·斯坦贝克的第一部小说《金杯》发表于1929年。

由于当时处于经济危机的大背景下，这本书并不成功。之后的两部小说似乎还不如第一部（其中的《天堂牧场》成为连接他与柯维希的桥梁）。斯坦贝克面对失败并不气馁，开始了第四本书的创作，也就是《煎饼坪》。

柯维希得知后，立刻联系了斯坦贝克的经纪人麦金托什小姐，并且要来了《煎饼坪》的书稿。此前已经有七家出版社拒绝了《煎饼坪》。但是，柯维希相信自己的判断，并开始安排出版事宜。斯坦贝克回忆说："我收到了柯维希的信，他听起来绝不是过度乐观。我对这个人产生了信心。我喜欢克制的性格。"他还说："我对他的喜爱油然而生。他比我对这部作品更有信心，这当然令人振奋。"柯维希成了斯坦贝克的编辑，从此他们风雨同舟。

1935年，《煎饼坪》得以出版，并大获成功，连续几个月登上畅销书排行榜，获得加利福尼亚联邦俱乐部针对本地作家颁发的年度最佳小说金奖，后被改编成舞台剧，还为斯坦贝克赢得了来自好莱坞的合同，最后书稿卖给了派拉蒙影业公司。这一次的成功为他带来了足够的金钱，让他能够从此安心于写作。

这之后，柯维希又购买了斯坦贝克之前作品的版权，并打算在他的公司重新出版。这时发生了一件事，让柯维希差一点失去他觅得的珍宝。当斯坦贝克交来他的书稿《胜负未决的战斗》时，柯维希在外出差，一位编辑审读了书稿并决定退稿,他认为这部小说涉及的罢工策略问题不符合马克思主义的观点。但是他忘了,这只是一部虚构的作品啊!斯坦贝克无奈,打算另投别的出版社,霍顿-米弗林出版社和兰登书屋都在考虑之列。柯维希回到办公室发现这一切之后,不顾一切努力挽回,向斯坦贝克和他的经纪人表达了他愿意出版这部作品的十足诚意,并最终要回了书稿。

有一点值得注意的是,在二者长达30年的合作生涯中,柯维希对斯坦贝克始终是信心满满,他从来不曾怀疑作家的才华,不管他处于创作的巅峰还是低谷。他总是给予作家温暖的鼓励和支持。柯维希去世后,索尔·贝娄在悼词中说:"他好像一个年老的勘探者,每天早晨起来去寻找宝藏。对于能够满载而归这一点,他从来没有怀疑过。"

柯维希坚信斯坦贝克是一个宝藏。有一件事可以佐证。在斯坦贝克创作《罐头厂街》期间,有人认为他是在重复自己,并不看好该作品。但是柯维希有自己的看法。他担心作者的情绪受到影响,经常写信为斯坦贝克加油。结果,1945年1月《罐头厂街》正式出版,首印7.8万册一销而空。

三、"无为而治"的工作伙伴

编辑与作者的相处方式有很多种。维京出版社总编辑马歇尔·贝斯特曾经说:"一种编辑为作者的书稿提出详细的建议，关于怎样措辞，怎样润色。另一种编辑为作者创造一个愉悦的心境，能够任意驰骋，施展才华。柯维希就是第二种。"

柯维希是一个以他人利益为重，谦逊、低调、默默奉献的人。在和斯坦贝克的工作交往中，柯维希从来没有对作家的作品做过任何技术性的批评，多半是传达维京出版社的集体意见。两人的关系，好像一位遭遇困境的有才能的作家和接受他忏悔的神父之间的交往。柯维希的儿子说："我的父亲对待作者的方式很微妙。他从来不说'你要这样做……'他会说'我认为这样似乎更好……'我认为这种处理方式很有效。"

举例来说，柯维希刚刚加入维京的时候，斯坦贝克的传世之作《愤怒的葡萄》即将杀青。斯坦贝克的夫人艾琳这样描述维京出版社对这部作品的反馈意见：1939年1月9日，柯维希写信给斯坦贝克，告诉他社长哈罗德·金斯伯格和总编马歇尔·贝斯特"深深地沉浸于书稿中不能自拔"。金斯伯格说："我不会改动书稿的一个标点符号。"贝斯特称这部作品是"维京最重要的作品之一"，还说"要修改如此伟大的作品简直就是一种冒犯"。但是柯维希接着说："但是作为负责任的出版人，我们还是要向您指出我们感受到的一些瑕疵。其中之一是结尾的部分……"在这封信中，柯维希婉转地转达了维京对书稿的修改意见。斯坦贝克最初并不认同，然而经过一番讨论，他还是接受了编辑的意见。

1940年春天，斯坦贝克因《愤怒的葡萄》而获得普利策奖。这本书成为他的代表作，也是美国文学史上的重要作品之一。

四、温暖的家人

在与斯坦贝克的关系中，柯维希还扮演着一个重要的角色，那就是亲密的家人。这一角色已经完全超越了编辑和作者的关系。无疑，柯维希很擅长和人打交道。在与作者的交往中，他耐心、细致、包容，默默无闻地奉献，有时也包括忍受作者的喜怒无常。编辑和作者在工作中的珠联璧合也许并不少见，但是能够把彼此视为像家人一样亲密就绝非易事了，这需要怎样的默契、信任和真诚的付出。然而，柯维希做到了！

应该说，对于柯维希的知遇之恩，斯坦贝克一直是心怀感激的。在他还名不见经传的时候，柯维希给予他无限的信任，毅然决定出版他的作品。作品的成功为作者带来了声誉，也改善了他的物质生活条件，让斯坦贝克心情愉悦。

1937年，斯坦贝克的《人与鼠》获得纽约戏剧评论家奖金，被誉为"触及了真正扎根于美国生活的主题"。他的名字在美国家喻户晓。《人与鼠》售出了15万册。这部小说的成功让斯坦贝克在经济上更为宽裕，得以从事长久以来梦想要做的事情，比如旅游和从容地写作。他在1937年2月写给柯维希的信中说："你真是做了件大好事。你知道，我结婚七年了。我们的梦想一直是能够去旅游。现在终于可以实现了。我的妻子从来没有坐过船……"

在一些写作之外的生活细节上，柯维希也时时让斯坦贝克感受到温暖。比如说，每当斯坦贝克发现了一本他心仪的书，柯维希就会帮他订购，并通常能以折扣价格买到。柯维希会把书寄给斯坦贝克，购书的费用从稿费中扣除。柯维希觉得这是他能够为他繁忙的朋友尽心的最小的事情，他从来没有委托他人去处理这类事务。

每当柯维希感到斯坦贝克需要休息和放松时，就会邀请他来纽约的住所小住。柯维希的儿子回忆说："我记得吉恩·福勒、斯坦贝克、阿瑟·米勒、索尔·贝娄和莱昂内尔·特里林都来过我家。当我长大一点儿时，我才知道他们都是作家。直到父亲临终前的一段时间，他还把作者带到家里来。"

在写作《伊甸之东》时，斯坦贝克发现他的铅笔快用完了。他让柯维希给他买铅笔，柯维希很乐意效劳，他从来不问斯坦贝克为什么不能自己去买。斯坦贝克对铅笔似乎很挑剔，只钟爱某种类型。他在写给柯维希的信中说："看看那长长的、漂亮的铅笔，就足以让我精力充沛、充满创造力。"

柯维希用一颗感恩的心去对待他的作者，也同样赢得了作者的感激。斯坦贝克这样表达他对柯维希的爱："30年来，帕特（他对柯维希的昵称）是我的合作者和我的良心。他对我提出的要求比我对自己的要求还要高，因此也使我取得了比我原本能够取得的更多的成就。"

五、高超的心理分析师

作者会在创作的过程中经常产生情绪上的波动，或灰心，或绝望，或狂喜，或幻想。他们需要理解，需要鼓励，也需要疏导。柯维希成功地做到了。在精神层面上，他和他的作者对话，由此使彼此的关系牢不可破。

维京出版社的社长汤姆·金斯伯格（前任社长哈罗德·金斯伯格的儿子）这样评价柯维希："他是个非同寻常的家伙——一个心理分析师、一个律师，也是一个牧师。他不是在做书的工作，他是在做人的工作。在出版社内外，他都为了他的作者而战。"

斯坦贝克在创作《萨利纳斯山谷》（后来书名改为《伊甸之东》）期间，正经历人生的低谷，情绪起伏不定，柯维希也跟着担心，不停地安慰和鼓励他。他不断地写信或者发电报，希望能够恢复他的自信心。这些信让斯坦贝克如沐春风。在这部小说快要收尾的时候，斯坦贝克的情绪再度陷入低谷，他想和柯维希说话，偏巧那天柯维希不在办公室。在随后的一封信中，斯坦贝克说："今天早上心情很不好，我不知道自己在哪里，在做什么。你不在办公室，当然，我知道，你去喝咖啡了。但是我还是想和你说话，否则我不能继续写作……"

到了1949年3月，斯坦贝克的起伏不定的情绪已经得到平复，他和柯维希在通信中的措辞也相对缓和。这时，柯维希再次敦促斯坦贝克继续写作《萨利纳斯山谷》。柯维希坚信，这会是一部杰作。他邀请斯坦贝克回到纽约，他说："我为你准备了一个房间，还有一辆车，我还会把厨具都准备好。""《萨利纳斯山谷》是自《愤怒的葡萄》以来我最期待的一部作品。那是你熟悉的题材，一切都已融入了你的血液。这会是一部重要的作品，不管它的销量如何。如果你想挣钱，可以有很多方式。但是无论如何，这本书你一定要完成，不要再拖延了。你会从写作中收获快乐。"他向斯坦贝克保证，如果他需要钱，可以随时从维京出版社支取，没有任何问题。最终，在柯维希的安抚下，斯坦贝克终于静下心来开始写作。

1958年，在斯坦贝克生日的时候，柯维希写给他一封表示祝贺的信，信中充满溢美之词。柯维希不经常这样，但是在他希望斯坦贝克能够继续创作更伟大的作品的时候，他会这样做。

"你已名垂美国文学史，只要人们还能阅读，他们就会读到你的作品。""《愤怒的葡萄》对美国文学史是一个巨大的贡献。《伊甸之东》瑕不掩瑜。我们期待着下一部伟大的作品。"

柯维希对斯坦贝克心灵的探索是他独有的能力，这一点美国编辑大师马克斯威尔·珀金斯做不到，其他的一流编辑也做不到。也许斯坦贝克不能理解柯维希检视他作品的方法，但他很欣赏这一做法，他称柯维希是"父亲、母亲、老师、魔鬼和上帝"。

六、结语

1964年10月14日，斯坦贝克和柯维希长达30年的合作终于画上了句号。柯维希在经历了一次大手术之后在纽约与世长辞。只有死亡才能终结他们的友谊。多年以来，他们的友谊建立在互相的尊重、合作和热情的基础上，经历了考验并日益深厚。从柯维希最初买来《天堂牧场》并被其吸引开始，这份友谊见证了斯坦贝克的22部作品、3次婚姻、柯维希公司的解散以及他们的挚友的离去。当他的编辑、那个带来光明的人（在希伯来语中，"编辑"的意思是"带来光明的人"）离去后，斯坦贝克的创作实际上也终结了。四年之后，斯坦贝克也离开了人世。他们留给这个世界的，是无尽的精神财富和一段佳话。

行文至此，不禁沉思：人与人之间相处，需要的是什么呢？尊重、理解、支持……也许柯维希会给出更多的答案。作为出版人，我们也该思考：在这个日益喧嚣和功利的行业里，我们拿什么去赢得作者的心？美国作家沃尔特·鲍威尔曾引用说："一个编辑可以在6个月之内学会所有技术性的工作；其余的要用一生去学习。"那么，我们准备好了吗？

参考文献

[1] 阿尔·西尔弗曼.黄金时代:美国书业风云录[M].叶新,等,译.北京: 机械工业出版社,2010.

[2] Thomas Fensch. Steinbeck and Covici: The Story of A Friendship[M]. Vermont:Paul S. Eriksson,1979.

（作者：周丽锦；本文刊于《编辑之友》2011年第3期）

"第十位缪斯"的使者

——美国编辑朱迪丝·琼斯的职业生涯

琼斯即使不是兴起于20世纪60年代的美国家庭饮食革命之母，也是这一运动最有力的助产士。

——朱莉娅·莫斯肯（美食评论家）

关于20世纪60年代的美国社会饮食变革的兴起以及图书市场烹饪题材畅销热潮的话题，都绕不开美国著名编辑朱迪丝·琼斯（Judith Jones）。琼斯曾在纽约双日出版社（Double-day）和克诺夫书局（Alfred A.Knopf）任职，从一个普通编辑成长为高级编辑、克诺夫的副总裁。在她长达50多年的杰出职业生涯中，琼斯编辑了许多颇具影响力的书籍，如美国作家约翰·赫赛（John Hersey）和约翰·厄普代克（John Up-dike）、法国作家阿尔贝·加缪（Albert Camus）和萨特（Jean-Paul Sartre）等人的作品。在琼斯接触到烹饪图书后，她的名字又与许多世界名厨、美食评论家的名字联系在一起，如朱莉娅·蔡尔德（Julia Child）、詹姆斯·比尔德（James Beard）、玛赛拉·哈赞（Marcella Hazan）、克劳迪娅·罗登（Claudia Roden）、埃德娜·刘易斯（Edna Lewis）、马里昂·坎宁安（Marion Cunningham）……他们之中，有的是因为琼斯的发掘而一举成名，有的与琼斯合作创造了出版"神话"。2006年5月，她获得烹饪界的"奥斯卡"奖——全美饮食界权威机构詹姆斯·比尔德基金会（James Beard Foundation）颁发的终身成就奖。琼斯的编辑生涯在出版界中成为一段传奇。

一、慧眼识珠图创新

琼斯早年供职于双日出版社，她在该出版社的巴黎办事处工作时，从一堆被弃用的纸堆里发现了安妮·弗兰克（Anne Frank）的日记，原本老板是要她读了之后写封退稿信的。当时正值第二次世界大战刚刚结束不久，这本由德籍犹太女孩安妮·弗兰克写的日记是"第二次世界大战"期间纳粹对犹太人进行种族灭绝的最佳见证。琼斯认为这本日记有非常大的出版价值，坚持要求编辑采用这部书稿。事实证明，这本日记出版后引起了轰动。1955年，《安妮日记》被编成话剧公演。1959年，好莱坞将这个故事搬上银幕。迄今为止，《安妮日记》已经被翻译成65种语言，在世界各国出版发行3000多万册。

但是，这次偶然的成功并没有导致一个必然的结果。她最后成就的不是文学图书编辑，而是非文学类图书编辑，具体说是饮食图书编辑。1957年，因为有《安妮日记》的经历，琼斯顺利地进入克诺夫书局做了一名编辑。她主要从事的工作是翻译法文作品和编辑文化文学作品，在这方面也有不错的发展，从琼斯后来的"作者名册"上看，萨特、加缪、伊丽莎白·鲍恩（Elizabeth Bowen）、约翰·赫赛、约翰·厄普代克等这些文化、文学巨匠都是她的作者。在这一领域发展，对琼斯而言，驾轻就熟。然而，琼斯另有想法。

此时年仅27岁的琼斯已经表现出了独特的编辑眼光。这一点在几年之后成就了朱莉娅·蔡尔德这位"美国饮食革命之母"。蔡尔德影响美国成千上万餐馆的菜肴从粗放发展为精致，引导千家万户的烹饪由简单到丰富，甚至推动了葡萄酒的普及，美国葡萄酒美食评论家认为她对美国饮食方式改变的推动是"革命性的"，称她为"美国饮食革命之母"。而这位享誉饮食界的大师在成名之前，与其他两名法国作者西蒙娜·贝克（Simone Beck）、路易塞蒂·贝尔托勒（Louisette Bertholle）合作的第一部书稿《关于法国菜》在寻求出版的时候，却屡屡受挫。霍顿-米夫林出版社（Houghton Mifflin）的编辑审稿后，说："哪一个美国人想知道如此多的关于法国菜的东西？"

但琼斯并不这么认为。有过《安妮日记》的体会，琼斯尝试收集被弃用的来信和手稿。蔡尔德三人的书稿于1960年春到了琼斯的手里。在巴黎生活的三年半时间，她不仅提高了自己的语言能力，而且也深深地爱上了法国菜，尤其在身为美食家的丈夫埃文·琼斯（Evan Jones）的影响下，对饮食更是情有独钟。琼斯回国后考察了美国市场，发现美国人的饮食是粗放的，图书市场上一些介绍性的食谱没有指导性，介绍法国菜不够细致，也不够系统，几乎没有详细讲解做菜的原料和技术。《关于法国菜》这部手稿，在琼斯看来是天赐良机，如果把握得好，可以成为经典之作。于是，她找到对烹饪读物颇有兴趣的编辑安格斯·卡梅隆（Angus Cameron），通过他的帮助，获得了克诺夫书局老板阿尔弗雷德·克诺夫的许可，着手编辑这部书稿。琼斯将书名改为《掌握法式烹饪艺术》（*Mastering the Art of French Cooking*），1961年秋季出版，上市后很快销售一空，圣诞节之前第二次印刷，成为当年的畅销书。1961年春天，蔡尔德出现在波士顿脱口秀节目中，从此成了厨艺电视明星。

回顾《掌握法式烹饪艺术》的出版过程，当时的很多出版商拒绝这部书稿，认为其作者是"可怕的家庭主妇"。即便是同意出版此书的阿尔弗雷德也不看好，他曾对琼斯说，如果琼斯用"掌握法式烹饪艺术"这样的书名能把书卖了，他愿意吃掉自己的帽子。事后琼斯笑言，想想他要吃多少帽子。谈笑之余，人们不禁佩服琼斯独具慧眼。

《掌握法式烹饪艺术》的成功并不是偶然的，它是第一本为美国人提供的实际而又方便操作的经典菜谱。20世纪50年代美国住宅向郊区发展的结果形成不会烹饪的一代。当时，郊区超市中供应的是加防腐剂或化学处理的包装方便食品，品种非常少。同时，由于厨房用具的发展，从罐头刀到搅拌器，让人觉得器械可以代替烹调技术，家庭烹调越来越简单化。在这一背景下，反其道而行之的精细饮食追求刺激了美国人的胃口，《掌握法式烹饪艺术》将法国料理带入美国家庭，书中对做菜的描述充满乐趣。而后蔡尔德在电视上亲自教学，更使观众增强了自己动手烹调的自信，也增强了人们对美食烹调和欣赏的兴趣，让他们觉得"回到厨房"也是一件非常美妙的事情。另外，这本书恰逢其时地吻合了当时美国社会财富积累后，人们开始追求精致生活方式的趋势，同时吻合了年轻的肯尼迪夫妇入主白宫引导的优雅时尚风潮。因此，此书一问世便吸引了大众的目光，一时间"洛阳纸贵"。

琼斯成为蔡尔德的编辑之后，蔡尔德再没有换过编辑，她们的合作长达40多年之久。蔡尔德如此信任这位出版自己第一本书的编辑，不仅仅是出于对这位"伯乐"的感激，而且也因为琼斯是一位很好的合作伙伴。《朱莉娅·蔡尔德传》的作者劳拉·夏皮罗（Laura Shapiro）读过琼斯和蔡尔德之间的往来书信后说："朱莉娅从一开始就是个出色的作家，但是绝不是一个循规蹈矩的作家。"这么一个不循规蹈矩的作家，只有专业而又耐性十足的琼斯才能帮她将作品打造为精品。在《掌握法式烹饪艺术》的编辑过程中，琼斯不只是进行文字上的修改，她很多时候亲自动手测试菜谱。她和蔡尔德在剑桥大学蔡尔德的家中经常花数小时来煮食物，对烹饪方法记录增删，确保每一个细节的讲解都能简单明了。

朱莉娅·蔡尔德开启了专业人员依靠丰富知识和聪明才智而不是容貌主持电视节目的时代，她是第一位明星级厨师，她有了自己的专题电视节目："法兰西厨师"（The French Chef）、"朱莉娅·蔡尔德和她的好友"（Julia Child and Company）和"在朱莉娅家进晚餐"（Dinner at Julia's），与这些节目有关的一系列烹饪书籍也相继问世。1965年，她荣获"美国广播电视文化成就奖"（The Peabody Award），1966年获"艾美奖"（Emmy Award）。朱莉娅·蔡尔德成为美国最知名的食谱作家兼电视烹饪教学老师之一，这一切都离不开琼斯。正如美食作家伊娜·加尔顿（Ina Garten）所说："朱莉娅·蔡尔德教会了整整一代女人（其中也包括我）如何下厨。我们应该感激朱迪丝·琼斯。朱迪丝是第一个为朱莉娅光辉事业加冕的人。"琼斯成就了蔡尔德，同时也让自己的编辑事业与兴趣相结合，开始了烹饪图书方面的发展。

二、引领潮流谱传奇

人是文化的创造者。发现一个人，就是发现了一种有价值的文化现象，就是发现了一种创造趋势。琼斯发现了蔡尔德，她在美国家庭饮食"革命"运动中，扮演了"助产士"的角色。她不仅将美食带到了美国人的餐桌上，而且利用她的声望和地位掀起了烹饪书籍出版热潮。

蔡尔德的成功，让琼斯找到了一条饮食文化图书编辑出版之路。琼斯在纽约设置了一间特别的工作室——她和作者的"厨房"，几十年来，这个厨房留下了很多名人的足迹，而且变成了有着"考古"价值的陈列室：蔡尔德用过的砧板、印度饮食厨艺权威马德赫·杰芙丽（Madhur Jaffrey）的香料、中华美食家郭爱玲（Irene Kuo）的炒菜工具，等等。在这里，琼斯和她的作者一起站在火炉旁边研究每一道菜式，她鼓励他们对每一种烹饪方法给出意见，将菜谱的信息充分地表达出来。菜谱的初稿以及做菜时的原料、工具日积月累，变成琼斯编辑烹饪书籍的"宝藏"。

《掌握法国烹饪艺术》出版之后，美国人对食物的味觉苏醒了，琼斯决定以此让美国人喜欢上更多的美食。从20世纪70年代到21世纪初期，她编辑了各种烹饪读物，介绍天下各类美食：意大利知名美食作家玛赛拉·哈赞的《意大利经典烹调》（*The Classic Italian Cook Book*）、《意大利经典烹饪续》（*More Classic Italian Cooking*），权威的美食评论家克劳迪亚·罗登的《中东美食》（*A Book of Middle Eastern Food*）、马德赫·杰芙丽的《印度烹饪之约》（*An Invitation to Indian Cooking*）、郭爱玲的《中华料理入门》（*The Key to Chinese Cooking*）、佩内洛普·卡萨斯（Penelope Casas）的《西班牙美食美酒》（*The Foods and Wines of Spain*）、伊丽莎白·安多赫（Elizabeth Andoh）的《家庭日本料理》（*At Home with Japanese Cooking*）、伊丽莎白·奥尔蒂斯（Elizabeth Ortiz）的《拉丁美洲美食》（*The Book of Latin American Food*）、琼·纳森（Joan Nathan）的《今日以色列美食》（*The Foods of Israel Today*）、新保裕子（Hiroko Shimbo）的《寿司经验》（*The Sushi Experience*），等等。这些书成了不同饮食领域的经典和权威之

作，在图书市场热销，如克劳迪亚·罗登的《中东美食》，
1972年出版时便得到"美国餐饮教父"詹姆斯·比尔德的赞
誉，被称为"烹饪领域的里程碑"；琼·纳森的《今日以色列
美食》，巧妙地将饮食与文化融合，初次印刷高达5万册，可
见出版商对此书的销售市场充满信心。

　　作为一位时代潮流的引领者，琼斯非常擅于抓住市场信
息来组稿。著名的18本克诺夫美国烹调系列就是琼斯的独
创。1972年，琼斯编辑了素食美食家安娜·托马斯（Anna
Thomas）著的《素食主义的品味》，因其反传统饮食习惯的文
化内容和语言使素食得到推广，随之掀起素食主义运动，这
本书在十几个国家发行数百万册。20世纪70年代回归地球的
文化趋势激发了家庭烘烤面包的热情，但当时没有一本好的
教材，于是琼斯邀请詹姆斯·比尔德写了《比尔德的面包》
（*Beard on Bread*），1973年出版。截至2010年，已经有超过25
万的面包爱好者用比尔德的方法成功地烘烤出了面包。在
1976年她又出版了埃德娜·刘易斯编写的《乡村风味菜肴烹
饪法》（*The Taste of Country Cooking*），这本书以四季为框架，
通过追述童年和青年时代的烹饪记忆向普通大众推介南方传
统烹饪。该书一出版便引起了美国人对本土饮食的浓厚兴
趣，成为畅销一时的图书。20世纪70年代中期，范妮·法默
糖果公司（The Fanny Farmer Candy Company）想找一个出版
社将1896年出版的烹饪教材《范妮·法默食谱》（*The Fanny*

Farmer Cooking Book）进行修订，以期更适合家庭使用。经比尔德的推荐，琼斯邀请著名的家庭烹饪教师马里昂·坎宁安来做这项工作。经过两人合作努力，历时四年半的时间，《范妮·法默食谱》于1979年面世。这本食谱从零开始教家庭烹饪，介绍各种食物的属性、不同佐料的用法，如何使用炊具和厨房用品，甚至有现代家庭电器使用的讲解。这本全面而基础的家庭烹饪教材一直广受欢迎。1996年，《范妮·法默食谱》出版100周年纪念修订版，已经是第13版，这本书是美国历史上最畅销的食谱之一，其销量逾400万册。

在20世纪六七十年代改善家庭饮食的呼吁中，琼斯和她的作者并不是唯一的声音。但他们的书籍却有着非常透彻的观察力和影响力。他们教授使用正确的烹饪技术，比如如何用正确的方式剥珍珠洋葱，叉子对付滚动团子的诀窍，如何炒鸡滑嫩，等等，并从中显示烹饪的乐趣，将生活的享受寓于其中。第二次世界大战后，美国人饮食观念逐渐改变，毋庸置疑，琼斯在这场"改变"中扮演了引导者的角色。

到20世纪末21世纪初，健康饮食的观念越来越受到重视。琼斯先后编辑出版了罗斯·黛莉（Rosie Daley）的《与罗斯在厨房》（In the Kitchen with Rosie）、妮娜·西门兹（Nina Simonds）的《姜满匙》（A Spoonful of Ginger）、安德鲁·威尔博士（Dr. Andrew Weil）的《健康厨房》（The Healthy Kitchen）等书，引导健康饮食。其中《姜满匙》将中国美食和中医保健方面的知识结合，受到读者欢迎，于2000年荣获国际专业烹饪协会图书奖（IACP Cookbook Award）；《健康厨房》在全球最大的网上书店亚马逊书店中被列为最畅销的健康书籍之一。

这些书籍的成功与琼斯的编辑工作密不可分。她可以将一堆散乱的手写稿整饬为一本令人爱不释手的读本，将他们的文字变成印刷品。琼斯对稿件的修改也是大刀阔斧的，她曾在伊丽莎白·戴维（Elizabeth David）的《意大利食物》（*Italian Food*）杂志工作，她的厨房实践为编辑工作提供了经验，她将编辑与厨房实践结合，对杂志内容进行修正，修正幅度之大让戴维感到吃惊，同时也让人佩服其在编辑和烹饪两方面的专业水准。正是这两种能力的结合，琼斯才能点石成金，适时地把握图书市场，一次又一次地编辑出版经典畅销书籍。美国公共媒体电台（American Public Media）称琼斯的作者为"美食名人录"（who's who of food），而琼斯则是他们的"名人级编辑"（the cookbook editor's editor），二者共同谱出了饮食界美妙的传奇之曲。

三、编辑与写作皆乐在其中

年近90岁的母亲曾问琼斯是不是真的喜欢咖喱，琼斯回答"是"，她不能撒谎。她用非常明了的方式向所有对她热衷于烹饪存有疑惑的人作出了回答。

古人云:"知之者不如好之者,好知者不如乐之者。"20世纪50年代在巴黎的时候,琼斯就爱上了各种菜式和烹饪,这种兴趣在身为美食作家的丈夫埃文·琼斯的影响下变得更为浓厚。她发现朱莉娅·蔡尔德是源于这种兴趣爱好,她饶有兴致地将第一流的烹饪作家列入名册,设立专门的"厨房",与这些作家一起尝试做每一道菜式,品尝他们做出来的美味佳肴,一部又一部的珍馐美馔书籍就这样诞生了。

除了编辑烹饪图书,琼斯也在这一领域撰写自己的美食作品。她丈夫是一位美食作家,1996年逝世。作为一位作家,琼斯与丈夫合作了三本书:1981年出版的《揉、搅、烤——自己动手做面包》(*Knead It, Punch It, Bake It!Make Your Own Bread*),这本书在1998年再版,书名改为《揉、搅、烤——给父母和孩子的面包制作终极之法》(*Knead It, Punch It, Bake It! The Ultimate Breadmaking Book for Parents and Kids*);1982年出版《面包之书》(*The Book of Bread*);1987年出版的《比恩氏新英格兰烹饪》(*The L.L. Bean Book of New England Cookery*),2001年再版,更名为《新新英格兰烹饪》(*The Book of New New England Cookery*)。此外,琼还斯与安格斯·卡梅隆合作出版《比恩氏游戏与鱼类食谱》(*The L.L. Bean Game and Fish Cookbook*)。这些书保持了琼斯的一贯风格,将烹饪视为一种"艺术",让读者无论是阅读还是动手做菜,都能乐在其中。

2007年，琼斯的自传——《第十位缪斯：我的饮食生涯》
(*The Tenth Muse: My Life in Food*) 出版。这个书名的灵感源自
法国著名美食家布里亚·萨瓦兰（Brillat Savarin）对"美食之
神"的界定。传说中的九位艺术之神分别是诗歌、历史、音
乐、舞蹈、爱情诗、悲剧、喜剧、几何学和天文学。萨瓦兰
将"gasterea"称为"第十位缪斯"，掌管品味乐趣。琼斯在这
本书中详细记述了她是如何发现那些不知名的"大作家"，并
通过诸多菜式的介绍将读者引入一个美食的盛宴。英国作家
皮特·梅尔（Peter Mayle）说："朱迪丝·琼斯在给食物写情
书——妩媚，睿智，令人无法抗拒。"《出版商周刊》评述：
"与美国现代烹饪业的斗转星移相平衡，在这本安静而又闲散
的回忆录里，琼斯像新教徒一样，把自己完全奉献给精致的
食物。她仿如她的作者，做一个诚实的厨师……用激昂的文
字表达对烹饪最初始的信奉，并燃烧了自己的生命。"

琼斯曾不无惋惜地说："很多人放弃了享受这种'最有创
造性的烹调'生活。如此多的人独自生活，但却没能自己动手
做一些丰盛美食。"因此，她一直致力于改变这种状况。她犹
如"第十位缪斯"的使者，将这位艺术之神的"福音"带到了
人间。作为一名图书编辑，她推出了诸多如朱莉娅·蔡尔德、
玛赛拉·哈赞、埃德娜·刘易斯、马里昂·坎宁安等这些饮食
界"大师"，引导美国人在饮食方面拓展新的思维。

美食作家安妮·门德尔松（Anne Mendelson）评价琼斯是

"无所畏惧的"。这位站在缪斯之神肩膀上的女人，开宗风，导风潮，育才俊，对时代精神的培育、时代价值的构筑，都起到了积极的推动作用。美食评论家朱莉娅·莫斯肯（Julia Moskin）评价说："琼斯即使不是兴起于20世纪60年代的美国家庭饮食革命之母，也是这一运动最有力的'助产士'。"而"最有力的助产士"充分概括了作为编辑的朱迪丝·琼斯对美国出版界和饮食界的巨大贡献。

参考文献

［1］ Judith Jones. With Editor Judith Jones[OL]. The Borzoi Reader Online: about Julia Child, 1998, 8.

［2］ Judith Jones. Classic Cookbooks Edited [N]. The Splendid Table, 2006-04-08.

［3］ Sheryl Julian. Globe Staff, Behind every great cookbook——Editor Judith Jones has a knack for turning cooks into bestselling authors[N]. The Boston Globe, 2007-09-26.

［4］ Julia Moskin. An Editing Life, a Book of Her Own[N]. New York Times, 2007-10-24.

［5］ Martin Rubin. Editor who gave us Julia Child reflects on her own life in food[N]. San Francisco Chronicle, 2007-10-28.

［6］ Dorothy Kalins. Taste Maker[N]. New York Times, 2007-11-04.

［7］ Erin Zimmer. Legendary Editor Judith Jones Dishes on Julia Child（and Her Imitators）[N]. Washingtonian, 2007-11-06.

（作者：易文翔，叶新；本文刊于《现代出版》2010年第11期）

天才的编辑和编辑的天才

——读《亲爱的天才》有感

　　我必须为孩子们操心。我是说，我们，这里的这个部门。我们在为孩子们（而非大人们）出版童书，我们永远永远永远也不会因"大人会不会厌烦，我们会不会遭受嘲讽式的批评"这样的顾虑而束手束脚。

——厄苏拉·诺德斯特姆

《精灵鼠小弟》《夏洛的网》《逃家小兔》《野兽国》……对于这些耳熟能详的书名，想必即便是对童书不甚了解的人也有所印象。这些由天才的童书作家E.B.怀特、玛格丽特·怀兹·布朗、莫里斯·桑达克创作的经典是20世纪美国童书出版黄金时代的产物，而且全都出自同一位编辑之手，这就是堪称"儿童文学界的马克斯维尔·珀金斯"的伟大童书编辑——厄苏拉·诺德斯特姆（Ursula Nordstrom，1910—1988）。她卓越的编辑生涯给我们演绎了一个又一个关于"天才的编辑和编辑的天才"的神话。1980年临近退休之际，她因在出版领域非凡的创新精神与创造力获得美国出版商协会颁发的克蒂斯·本杰明奖（Curtis Benjamin Award）。笔者多次展读由美国著名童书评论家伦纳德·S.马库斯编注的《亲爱的天才》（*Dear Genius: The Letters of Ursula Nordstrom*）（阿甲等译，河北少年儿童出版社2014年出版），总觉得这是一本能给我国编辑人员不断带来正能量的"励志"书籍。作为一位具有开创性的童书编辑，厄苏拉身上有许多优秀的品质值得当今所有童书编辑学习和效仿。在她50余年的编辑生涯中，厄苏拉编辑出版了天才作家们的一本又一本经典童书，使自己也成了童书编辑中的天才。

一、热爱读者

我国著名童书作家兼编辑杨红樱曾说过:"对作品的评价,孩子的评价标准应该是最好的。孩子不接受,也就没有意义。"作为一名童书编辑,首先考虑的是孩子们,而不是他们的家长。

可以说,童书编辑扮演着如同教师一样的角色,担负着帮助青少年儿童塑造正确的世界观、人生观、价值观的重要责任。作为一名童书编辑,在策划一本书时最初的目的一定是做孩子们喜欢看的书,站在孩子们的角度上去揣摩他们希望获得怎样的阅读感受,这是必须贯穿策划始终的原则。显然,厄苏拉是这么想的,也是这么做的。

厄苏拉是个喜欢写信的人,她喜欢用这种方式和作者以及小读者们交流,在马库斯准备编纂《亲爱的天才》这本书时,发现厄苏拉在办公室打印的信件有十万份之多,这还不包括她自己在家手写的信。这些海量的信件见证了一本又一本经典童书的诞生,每一封风趣又不失亲切的信都饱含着她对自己编辑工作无上的热情,这种热情既是对孩子们负责,也是对作者们的激励。在1952年5月1日她给露丝·克劳斯(《洞是用来挖的》和《胡萝卜的种子》的作者)的信中,我们可以感受到她的这种热情。她写道:

不过，毕竟我们该考虑的不是个人的问题，而是应该想想孩子们。想想1949年出生的婴儿，到1953年秋天时正好可以迷上你1953年出版的图书。上帝啊，想想那些1952年5月1日此时此刻出生的婴儿！等到1956年他们也到了四处转悠、寻找克劳斯新书的年龄了。（我打完这最后一句，寻思着到底如何结束这不着边际但发自肺腑的段落时，又有好几个婴儿呱呱落地了。）

无论厄苏拉是怀着怎样的心情写下的这段话，无可否认的是，每个读到这段话的人都能感受得到她的真诚。即便不是露丝·克劳斯，也会对"给孩子们写他们想看的书"这一事业而热血沸腾起来。有人说这是厄苏拉精通语言艺术和善于抓住作者心理的表现，笔者却认为正是因为厄苏拉真心地热爱孩子们，热爱童书编辑这份职业，才会写出如此动人的肺腑之言。对于童书编辑来说，孩子才是第一位的，这是厄苏拉的原则，笔者认为这也应该是当今每一个童书编辑的准则。

在当今这个时代，各种花样层出不穷的信息让孩子们眼花缭乱，注意力成了最稀缺的东西。现在的孩子绝不是单靠书本来认识世界，过去的电视，现在的网络、游戏等，有太多的更加多样化的载体能够帮助他们更为直观地感受世界。但是，无论任何一种新的方式，都不能像图书一样教导孩子们耐心地探索未知领域，也不能如同一本好童书一般激发他们的想象力，鼓励他们去独立思考，这才是一部好的童书无可替代的魅力。童书编辑们所需要做的一切努力都是以最终能完成这样一本好书为目标，即使可能花的时间要久一些，费的功夫要大一些，都是值得的，绝不应该为了追求短期的利益而放弃这一准则。

抱着这种信念，一名童书编辑所要做的就是尽可能地为孩子想想，这是编辑的责任，我们不能指望着作者来越俎代庖。关于这一点，厄苏拉在1963年致莫里斯·桑达克的信中写道：

> 我并不指望富有创造力的艺术家们，在为孩子做书时会一直想着孩子们。他们从不如此（真正了不起的艺术家就是这样），因为他们所做的都是为了他们自己。不过我必须为孩子们操心。我是说，我们，这里的这个部门。我们在为孩子们（而非大人们）出版童书，我们永远永远永远也不会因"大人会不会厌烦，我们会不会遭受嘲讽式的批评"这样的顾虑而束手束脚。

我想，这段话已经将厄苏拉作为一个童书编辑的坚持表达得淋漓尽致，那就是：天才们尽管放心大胆地去创作吧！让编辑们来把关什么适合孩子，我们永远不害怕与众不同的书！

二、尊重作者

除了永远为孩子着想这一基本原则外，厄苏拉还是天才童书作者们的引路人。对于天才们，厄苏拉是绝对尊重的，她总是耐心而又亲切的，像是一个可靠的大姐，引导每一个作者发挥出他们的天才之处。

在1954年2月9日致吉姆·布莱克（哈珀出版社的销售员）的信中，厄苏拉这样写道：

> 哦，露丝已经为我们写了很多书，作为编辑，我看着她不断地成长、成长、再成长，在这一领域不断地深入、深入、再深入，对我来说这是一段最令人激动且收获颇丰的经历。我尊重她的直觉和她最终的判断，当她确定对一本书真的再也没什么可做的了，我必须尊重她的学识，并信任她。因为她才是有天赋才能的人——而我只是赏识天才并热爱其创造力的人。

同样地，她在给露丝·克劳斯的信中写道，"我对天才有一种真诚的敬畏，我愿意为具备这种才能的人做任何事情。"名编辑和天才作者之间的关系永远不能用简单的"同事关系"一言代之，这是人和人之间所拥有的一种独特的复杂的联系，亦师亦友甚至如同家人一般的存在，这种散发着人性魅力的交往是不受时间、地域限制的。厄苏拉被称为"童书界的珀金斯",很大程度上是因为她在对待作者的态度上和珀金斯惊人的一致,她像家长一样呵护每一位作者,帮助他们,指导他们,鼓励他们,出版他们的作品,关心他们的健康,力所能及地解决他们经济上的困难,于是在获得了忠诚的友谊外,厄苏拉还收获了永恒的经典。

厄苏拉曾经说过:"由编辑决定作者接下来干什么,总是令人遗憾的。"编辑要做的不是告诉作者应该写什么,而应该是"你能想出更好的方式来表达你想说的吗?"童书编辑则更应如此,怎么才能写出一个充满想象力的精彩的故事,这种问题应该让作者自己思考。编辑需要做的是在天才们遇到"瓶颈"时给予鼓励,在拿到书稿时站在孩子的角度用心审读,严谨地考虑一切细枝末节,最终做出一本优秀的童书,这才是一个童书编辑的工作。如果一个童书编辑真的像上述一样真诚地和作者沟通,努力引导天才们最大限度地发挥他们的才华,那么就不必担心无法获得一本受到孩子们认同的好书了。如同厄苏拉曾写的那样,"大多数10岁以下的孩子,都会对真正有创造力的艺术家的最好的图画书,做出创造性的反应。"

三、大胆创新

"我们并不害怕与众不同的书。"这是厄苏拉在1951年8

月22日写给露丝·克劳斯的一封信中的结束语，这封信是厄苏拉对露丝设想的"参与书"提议的回应，她建议将其改换成"书中书"的形式。实际上，厄苏拉出了不少与众不同的书，无论是形式上还是内容上，只要是好书，她都不会拒绝。在厄苏拉所处的时期，童书并不是写给孩子们读的故事，图书管理员掌握着童书的评判权，并且要求孩子们接受他们的评判标准。童书编辑也"沉浸于所谓基于两个层面写成的陈腐的成人小说中，而仅仅从中探出头来半小时就自以为明白了'孩子们的需要'"。虽然厄苏拉没有上过什么大学，但是她却有作为一名编辑最重要的品质，即独到的眼光和冒险精神。许多现今我们奉为经典的童书在当时的美国却是"前卫"的异类，《逃家小兔》《精灵鼠小弟》《晚安，月亮》《夏洛的网》《野兽国》《爱心树》等在出版伊始都遭受到了很大的争议。当时的专业人士——图书馆管理员们都是传统的卫道士，他们更喜欢描写完美孩子的完美的故事，厄苏拉却觉得孩子们有权利知道真正的世界。她在出版每一本这样"古怪的书"前，总是做好了充分的准备，她巧妙地应对图书销售商和图书馆馆员们，向他们推荐新书，亲自回复收到的投诉信，及时应对随之而来的激烈竞争。厄苏拉懂得怎样让一本可能不那么受图书馆管理员青睐的书销售一空，而且这本书的确是名副其实。

厄苏拉让我们懂得什么才是合适且独特的选题。选题策划是图书编辑的灵魂，因此寻找一个合适且独特的选题是所有编辑活动的前提，这也需要童书编辑自身对市场需求有明确的了解。厄苏拉就出版过"我能读"系列，专门针对那些刚认识字想要证明自己"能够读"的孩子们，也正因为这种精准的定位，"我能读"系列最终大获成功。在适合的基础上，独特是一部童书成为经典的重要因素。多少年来，我们都在强调要做出社会效益与经济效益兼得的好书，厄苏拉用行动证明了做出双效兼得的好书并不是神话。综观厄苏拉所出版的这些经典童书，每一本都有自身独特的迷人之处，它们通过不一样的方式——例如讲述会写字的蜘蛛的故事，让孩子们体会到温暖的感情。那么如何发现独特的故事，并且这种独特还要控制在合理的范围内，这就需要编辑做到像厄苏拉那样时刻准备着发现天才的专业素养了。

厄苏拉让我们懂得什么才是新颖且丰富的形式。厄苏拉喜欢作者提出一切富有新意的点子，并且尽量做到完美的呈现，因此她出版了能让孩子们在上面涂涂画画的故事书，还有用毛茸茸的兔皮做封面的书。一本书或者一个系列的童书应该采用什么样材质的封面，选取何种形式的开本，用什么样的形式来呈现书中的插图等，各种细节的问题都需要编辑一一做出规划。在厄苏拉与作者们大量的通信中，绝大部分都在讨论图书的这些细节问题，例如她在和《夏洛的网》的作者E.B.怀特的通信中就谈到了作为主人公的蜘蛛夏洛应该怎么画的问题，要怎么画得既像蜘蛛又让孩子们觉得可爱呢？厄苏拉和怀特甚至查找了《美国蜘蛛及其编制工艺》这样的专业书籍来确定夏洛的风格。

在如今有更多选择的今天，童书编辑们更需要绞尽脑汁地发掘出吸引孩子们的图书样式。如果我们不能吸引孩子们拿起一本书，那我们就失败在起跑线上了。

当然，我们在厄苏拉身上能学到的东西很多很多，也需要我们的童书编辑慢慢去体会、反思和实践。

四、结语

时间飞逝，即便当今新的技术使出版业变得愈发完备和复杂，编辑人的专业精神却是我们永恒不变的准则。在任何时代，我们都需要像厄苏拉这样"天才的编辑"，像她一样发自内心地热爱编辑工作，真心实意地为孩子们着想，始终如一地忠诚于自己的作者，具有敏锐的洞察力和大胆的冒险精神，且有着自己独特的编辑原则。这些真诚的品质是永远不会因为技术进步而过时的，也是厄苏拉作为美国童书黄金时代开创性的编辑留给世人最为宝贵的经验财富。

（作者：周宇楠，叶新；本文刊于《学园》2016 年第30 期）

杰奎琳·肯尼迪的编辑生涯初探

> 杰奎琳在文字方面有着令人难以置信的造诣。她在这方面是智慧与热情并存，是个理想的读者和理想的编辑。
>
> ——滚石唱片公司特约编辑乔纳森·科特

有这么一个女人，她嫁入美国政坛豪门，贵为美国第一夫人，亲眼见到自己的总统丈夫被枪杀，后来又不顾一切下嫁希腊船王，把自己生命的最后18年献给了出版业。她是谁?

大家都知道，笔者说的是杰奎琳·肯尼迪·奥纳西斯（Jacqueline Kennedy Onassis，1929—1994）。人们对她那传奇般的一生可以说是耳熟能详，却未必知道她曾经作为一名编辑，先后服务于美国的维京出版社、双日出版社，在美国20世纪图书出版业留下了属于自己的那份精彩。

一、良好的职业积淀

1.短暂摄影记者生涯收获伟大婚姻

肯尼迪夫人原名杰奎琳·李·布维尔，1929年6月28日出生在纽约长岛的一个中产阶级家庭。孩童时代，她把大量时间花费在阅读契诃夫、萧伯纳等人的著作上。渐渐地，她的阅读兴趣开始转向莎士比亚、威廉·巴特勒·叶芝、萨特，甚至是迪派克·乔浦勒的作品。对书籍的热爱，还有文科大学的学习经历使她具备了从事文字工作的优秀潜质。

在华盛顿大学获得法国文学学士学位后，杰奎琳找到了她的第一份工作，在《华盛顿先驱时报》（*Washington Times-Herald*）做助理摄影记者，写专栏文章，周薪43.5美元。正是在采访过程中，她认识了当时任马萨诸塞州州长，后来当选参议员的约翰·肯尼迪。漂亮的女记者和杰出的议员之间虽然差了10岁，但并不妨碍伟大爱情的诞生。1953年6月23日，《华盛顿先驱时报》在头版刊登了如下标题："我们的摄影女郎和约翰·肯尼迪的罗曼史"。对杰奎琳而言，第一份正式工作最大的收获就是与约翰·肯尼迪的婚姻，她在很长时间内不需要再工作了。但她没想到的是，距离她再找第二份工作要花去23年的时间，而她会以此为职业一直到1994年去世。

2.《当仁不让》小试牛刀

1954年10月，肯尼迪因在第二次世界大战时所受的背伤复发进行手术，1955年2月又因此做了另一次背部手术。在康复期间，谋求总统竞选的他决定写一本书——《当仁不让》（*Profiles in Courage*），写的是美国历史上的8位勇敢的议员。这本书该如何构思？从什么角度下笔？都离不开杰奎琳的出谋划策。书中需要的大量历史文献和人物资料也是由她到国会图书馆查找的。在杰奎琳的鼓励和帮助下，由他的高级顾问和首席演讲撰稿人特德·索伦森操刀，肯尼迪完成了《当仁不让》一书。杰奎琳先是找到《华盛顿先驱时报》的同事安吉利·金格拉斯，后者给她推荐了哈珀出版社老板卡斯·坎菲尔德（Cass Canfield Sr.）。她直接登门拜访，才引起了坎菲尔德阅读书稿的兴趣。他看后决定买下这部书稿，安排了著名编辑埃文·托马斯担任该书的责任编辑。

《当仁不让》出版后，引起评论界的巨大反响，媒体的好评如潮。只有杰奎琳知道此事的内幕。正是在她的说服之下，肯尼迪的父亲乔瑟夫·肯尼迪才为该书的宣传慷慨地花了10万美元的宣传费。在随后的七八年中，《当仁不让》一直是一本不错的畅销书，获得了1957年普利策奖人物传记奖，还为肯尼迪当选总统起到了良好的推动作用。1963年，《当仁不让》位居美国畅销书排行榜非文学类第四名，在肯尼迪总统被暗杀后的1964年更是获得了第三名的佳绩。通过这次经历，杰奎琳对书籍的构思写作、编辑出版、宣传营销有了初步的了解。

3.编辑职业符合自身期待

肯尼迪总统死后，杰奎琳做了5年的寡妇，随后于1968年下嫁希腊船王亚里斯多德·奥纳西斯（Aristotle Onassis），在杰奎琳·肯尼迪后面加了第二任丈夫的姓。1975年，奥纳西斯去世，她再次成了寡妇。这段不幸的婚姻留给46岁的她2600万美元，从此她可以衣食无忧，加之孩子们也长大了，她可以按自己的方式生活。于是，她决定找一份可以实现她抱负的工作。由于杰奎琳喜爱文学和写作，她的两个朋友——一个是她原来在白宫的社交秘书莱迪蒂亚·鲍德里奇（Letitia Baldrige），一个是报纸专栏作家吉米·布雷斯林（Jimmy Breslin）——都建议杰奎琳在出版业找份正式工作。

杰奎琳先是求助于某个熟识的出版社老板，但是对方告诉她，他的助理编辑们手头的活很多，不可能围着她这样一个毫无出版业从业经验的人打转。虽然她受了些打击，但是她在出版业工作的信心还是不减。在维京出版社（Viking Press）老板汤姆·金兹伯格（Tom Guinzburg）的盛情相邀下，1975年9月，她去了维京，开始了她近20年的编辑生涯。

二、可圈可点的编辑生涯

1.维京出版社浅尝辄止（1975—1978年）

杰奎琳和汤姆·金兹伯格从小就认识，彼此欣赏。金兹伯格认为她能够成为一名优秀的编辑。当然，金兹伯格记得父亲曾经警告过他把朋友带入出版社工作的后果，但他还是雇用了她。他回忆说："人们对我说，'你为什么要这么做？这只是一个公关噱头吧？'我说，'是啊，如果能起到这个作用，也不错。可那不是我雇用她的真正理由。'他们又说，'哦，那是为什么？'我说，'我雇用她，是因为在任何一天和她共进午餐或晚餐的人都有可能为我们贡献一部书稿。'"

杰奎琳的头衔是"顾问编辑"（consulting editor），周薪200美元（年薪1万美元），一周工作4天。对她来说，这份年薪简直不值一提，出版业也不是能让人赚大钱的地方。但是她看重的是她喜爱这个职业，能够从中享受到工作的乐趣。维京是一家文学性很强的独立出版社，有索尔·贝娄、托马斯·品钦这样的大作家，她喜欢这样的氛围。

考虑到她之前的经历，杰奎琳不可能一开始就做策划编辑或者高级编辑；而考虑到她的声望和年纪，做助理编辑也是大材小用。老板的初衷是希望她能够利用自己的声望签到名牌作家和名人作者，具体的文字编辑工作自然有大把的人来做。而且，将这样一位名人延揽进出版社里，可以扩大维京的知名度，何乐而不为。

1975年9月22日是杰奎琳进社工作的第一天，她的到来引起了一场轰动。当时维京的每一位女员工都进行了精心的打扮，个个都很漂亮。杰奎琳走了进来，她穿着800美元的宽松长裤，还有300美元的衬衫，看起来好像要成为大家关注的目标似的。走道上全是蜂拥而至的人群。不止于此，据汤姆·金兹伯格的回忆，当时还有炸弹的威胁，安全人员和记者们都伪装成了信使。

不管别人怎么想，自进出版社的第一天起，杰奎琳就把自己定位为一个编辑，而不是出版社的华丽摆设。为了适应这份新工作，她向同事和朋友们积极求教。著名编辑纳恩·塔里斯（Nan A.Talese）先后供职于兰登书屋、西蒙-舒斯特出版社，有10多年的编辑经验。杰奎琳就让朋友安排与她见面。两人一见如故，不仅谈了有关书籍出版的事情，而且还"讨论了很多关于孩子的话题，以及汲汲营营的纽约生活"。

戴安娜·弗里兰（Diana Vreeland）曾经担任《时尚芭莎》（*Harpers Bazaar*）和《时尚》（*Vogue*）的主编，还在纽约大都会艺术博物馆任职，是美国时尚界的第一夫人。约翰·肯尼迪1960年就任总统后，她成为杰奎琳的时尚顾问兼首席设计师。杰奎琳利用自己的时尚触觉，为戴安娜·弗里兰出版了《俄罗斯风格》（*In the Russian Style*）、《巴黎新款服饰》（*Inventive Paris Clothes*）。阿尔·西尔弗曼曾任每月一书俱乐部董事长和维京出版社的主编。他回忆说：她来到每月一书俱乐部向我们展示一本她在书展上发现的《俄罗斯风格》。作者把这本书卖给维京出版社，不是因为杰奎琳的名人身份，也不是因为她在书展上的魅力，只是因为这本书本身很有吸引力。

此外，杰奎琳还找前芝加哥神父尤金·肯尼迪出版了获奖传记《理查德·J.戴利的政治生涯》（*Himself! The Life and Times of Richard J. Daley*）。她鼓励芭芭拉·蔡斯-里布（Barbara Chase-Riboud）撰写她的成名作《莎丽·海明斯》（*Sally Hemings*），该书描写的是托马斯·杰斐逊总统的奴隶兼情妇。这些成功的案例证明了杰奎琳偏好名人路线的编辑风格。

在维京出版社，杰奎琳低调的风格和对业务的学习给同事们留下了深刻的印象。但总的来说，她在维京的编辑生涯

不太成功，这和她缺乏出版经验、编辑直觉有关。编辑工作
是一份沉下心来才能做好的工作，和繁忙的社交生活是相背
离的。她需要不断地适应和调节。她提交的大多数选题都没
有什么结果，据说她和同事们相处也不是太融洽。后来发生
的一件事情让她彻底离开了维京出版社。

1977年，汤姆·金兹伯格准备购买杰弗里·阿彻（Jef-
frey Archer）的书稿《想刺杀美国总统的是谁？》（*Shall We
Tell the President?*），故事的场景设置在1984年，是一个虚构
的故事，那时的总统名叫泰德·肯尼迪，书中还有针对他的
暗杀情节。金兹伯格怕敏感的杰奎琳难以接受这样的选题，
来和她商量说：如果本社不出这本书，别的出版社也同样会
出，而且杰奎琳不用接手这部书稿的编辑工作。

取得杰奎琳的谅解后，维京于同年10月出版了这本书。
在星期天的《纽约时报·书评版》中，约翰·伦纳德对这本
书进行了辛辣的评论，指责书中有关总统夫人的内容。而金
兹伯格申明此书是由杰奎琳购买并出版的，《纽约时报》的评
论认为杰奎琳必须对此事负责。第二天，她从维京出版社辞
职了。

2. 双日出版社大放异彩（1978—1994年）

但是，杰奎琳并没有就此离开出版业。在以前的大学同
学、也是她的白宫社交秘书南希·塔克曼（Nancy Tucker-

man）的建议下，杰奎琳加入了双日出版社，在接下来的15年里一直与塔克曼共事。一开始，她在老友、出版社总裁约翰·萨金特（John Sargent）的手下担任副编辑（deputy editor），蜗居在一个没有窗户的办公室里。

与维京出版社不同，双日出版社是一家商业性很强的出版社，秉承"商业优先，品位其次"的出版原则。它在出版名人书籍方面比较擅长，比如艾森豪威尔总统、尼克松总统以及其他一些政治名人的传记等，但是对文学性书籍没什么兴趣。刚开始的时候，杰奎琳控制不住对艺术和历史的热情，提出出版这方面书籍的建议，但她的选题大都遭到了否决。多次碰壁之后，杰奎琳明白：关心当时的流行趋势，抓住商业性强的选题，才是工作的重心。她很快找到了感觉，进入了角色，出版了一系列不同类别的书籍：商业性畅销书、茶几书（大开本画册）、高档儿童书籍、舞者回忆录、法国王室历史，等等。杰奎琳是个高产的编辑，每年经她之手出版的书籍有10~12种，她的年薪很快升到了5万美元。最后，她被提升为高级编辑，年薪达到了10万美元。

杰奎琳每周上班三天，为了避免那些狂热的"狗仔队"打扰出版社和杰奎琳的正常工作，双日出版社从未公布是哪三天。杰奎琳的心态进一步平和下来。她尽量避免一些不必要的社交场面，事实上她已经不需要再扩大社交圈了。当然，她可以用自己的社交网络拉到她想要的选题。比如，

1993年她竭力说服卡米拉写一本关于她与英国王储查尔斯婚外情的书，并为此开价200万美元。

她经常在办公室吃午饭，而不是去四季餐厅等聚集了出版人的餐厅。在日常工作中，她非常注意处理好与同事之间的关系，尽量以平易近人、和蔼可亲的面目出现。同事们评价说："她很不错，是一个使人感到愉快的人。"她也没什么特权。纳恩·塔里斯后来也加入了双日出版社做副总裁，办公室就在当时的总裁兼出版人史蒂夫·鲁宾旁边。她说："每个编辑都会排队一个个去史蒂夫办公室见他，杰奎琳也不例外。"

她知道自己名字对出版社的价值，塔里斯回忆说；"她有一次告诉我：'我是个猎手，当他们需要我的时候我就去打猎。'" 1988年，埃及小说家纳吉布·马赫福兹（Naguib Mahfouz）获得诺贝尔文学奖，当时双日出版社的经理艾伯特·维塔利就让杰奎琳去联系马赫福兹。本身就热爱埃及文化的她出版了他的《开罗三部曲》（*Cairo Trilogy*）的英译本，并且说服约瑟夫·坎贝尔和比尔·莫耶斯在上电视谈话节目时，谈到了其中的《神秘的力量》，大造声势。

杰奎琳逐渐成了一个典型的编辑：参加编辑会议，选题被枪毙，抱怨管理体制，努力去讨好销售人员，和脾气不好的作者打交道。她也会像其他编辑一样，跪在办公室的地板上整理她的书稿清样文件。她出的书有的畅销，有的滞销；

她努力在商业追求和自身喜好之间找到某种平衡。

1994年5月19日，杰奎琳因癌症死于睡梦中，享年64岁。她的儿子说："我的母亲离开人世的时候，周围全是她的朋友、她的亲人，还有她的书籍。"杰奎琳生前非常喜欢书籍，她称它们是自己的老朋友，是她通向他人的心灵、思想乃至世界的窗口。绚烂之极，归于平淡。通过这些她编辑的书籍，她向人们展示了除了总统夫人、富翁妻子、社交名流之外的另一种人生。

三、编辑业绩及其评价

1.编辑业绩可圈可点

在18年间，杰奎琳一共编辑出版了100多种书，其中著名的有比尔·莫耶斯的《身心桃花源》（*Healing and the Mind*）、迈克尔·杰克逊（Michael Jackson）的《太空步》（*Moonwalk*）、爱德华·拉津斯基（Edvard Radzinsky）的《最后的沙皇》（*The Last Tsar: The Life and Death of Nicholas II*）。她还出版了歌手卡莉·西蒙所著的一系列儿童读物，作者是她的朋友和玛莎葡萄园岛的邻居，也是著名的西蒙–舒斯特出版社的创始人之一理查德·西蒙的女儿。

杰奎琳同时也被认为为美籍黑人作家在美国文学界立足做出了贡献。她鼓励她的邻居、哈雷姆文艺复兴最后的幸存者多萝西·韦斯特（Dorothy West）完成了《婚礼》（*The Wedding*）的创作。这本关于种族、阶级、财富和权力的书，在1995年一出版就获得了社会各界的称赞。多萝西在前言中对已逝的杰奎琳的鼓励表示了深深的谢意。1998年，"脱口秀女王"奥普拉·温弗瑞通过一部由著名影星哈利·贝瑞演出的电视电影介绍了此书。

其中最值得一提的是迈克尔·杰克逊的自传《太空步》。当时正值杰克逊的热卖专辑《颤栗》推出两年，他的演艺事业如日中天。1984年，她和杰克逊签约出版他的自传，预付款30万美元，代笔者斯蒂芬·戴维斯也获得一笔不菲的收入。以后发生的事充分证明这是个大麻烦，也是本畅销书。

这本书的签约充分证明了杰奎琳的实力。当时的竞争者很多，斯蒂芬·戴维斯在接受路透社采访时说："杰奎琳是当时美国唯一一位能让杰克逊听电话的人。"接下来，她又为代笔者的选择大伤脑筋，因为找了几个杰克逊都不满意，最后才选定了斯蒂芬·戴维斯。

戴维斯为撰写此书断断续续地对杰克逊采访了18个月，最后写完书稿又花了8个月。这本自传讲述了杰克逊从小到大的所有鲜为人知的故事，最大的卖点就是他称小时候曾遭到父亲的殴打。1988年，《太空步》的精装本一出版就登上了《纽约时报》畅销书排行榜榜首，首印50万册很快销售一空，成了每个杰克逊歌迷的必读之书。在1988年的美国畅销书榜前十名中，这本书位列第十名，是双日出版社的唯一收获，它比《里根回忆录》的表现还要好。

杰奎琳为此立了大功。她一直催促此书的进度，杰克逊却一拖再拖，最后扬言除非杰奎琳为他的自传作序，不然就停止此书的出版。杰奎琳本不愿意再抛头露面，一直避免自己的名字出现在任何她编辑的书中。最终，由于她十分看重此书，还是破例写了序言，对杰克逊做出了极高的评价：

> 我们该如何评价迈克尔·杰克逊呢？他是世界上最著名的艺人之一，是一位不断创新、叫人惊喜的词曲作者。他的舞步像是要对抗地心引力，人们认为他可以与弗雷德·阿斯泰尔和吉恩·凯利相媲美。公众也许并不能完全了解他对演艺事业的投入程度。他终年无休，从不自满，是一个不断挑战自己的完美主义者。对于很多人来说，迈克尔·杰克逊是个难以理解的人，但那些与之共事的人却不这么认为。这位天才的艺人是个细腻、敏感、热情、有趣并且充满洞察力的人。迈克尔的《太空步》让大家有机会探求他工作及思考的奥妙。

然而在此书的再版问题上，杰奎琳和杰克逊意见相左，最后闹得不欢而散。在第一版一销而空之后，迈克尔·杰克逊拒绝再加印精装书，也不打算推出该书的平装版。1992年，杰克逊干脆收回了该书的版权，此书从此在市场上绝迹，成为后来众多杰克逊迷的遗憾。1989年，我国的现代出版社也推出了这本书的中文版。2009年迈克尔·杰克逊去世后，安徽科技出版社获得授权，又再次推出了该书的中文版，以纪念这位伟大的歌星。

2. 编辑理念及其评价

美国编辑大师马克斯维尔·珀金斯是菲茨杰拉德、海明威的编辑，被誉为"天才的编辑"。他曾经说过书籍只属于作者。秉承这种理念，杰奎琳深知编辑要隐藏在作者身后，让作者充分凸显。这是作者写的书，因此只有作者位居前台和中心。

保持低调的杰奎琳曾经非常难得的接受过行业杂志《出版商周刊》的一次采访。她首先告诫记者不录音，不拍照，不提与私人生活有关的问题，否则她不接受采访。在采访中，她极其谦虚地说，她之所以加入出版业，只是出于对书籍的热爱。她说："我喜欢做出版的理由之一是：你从不用推出编辑，你只需要推出书籍及其作者。"

20世纪80年代以后，美国出版业走出了它的黄金时代，开始走下坡路。编辑的地位不断下降，不再那么专心地做书，也没多少时间和他们的作者交流。但是杰奎琳却还是那么传统，表现出了对作家工作的钦佩、好奇和兴趣。滚石唱片公司的特约编辑乔纳森·科特曾经与杰奎琳合作出版过几本关于埃及的书，比如《伊西斯和奥西里斯》（*Isis and Osiris: Rediscovering the Goddess Myth*）等。他表示："与杰奎琳一起工作是件非凡的事情。"

在他看来，与一个同时为公众人物的编辑一起工作是令人生畏的。但是杰奎琳的态度非常平和，科特很快就放松下来。在杰奎琳的办公室和家中一起工作时，杰奎琳都要在书稿的每一页做标注，并且写下她关于埃及的知识和她所收集的有关埃及文学与历史的书籍。科特说："杰奎琳在文字方面有着令人难以置信的造诣。她在这方面是智慧与热情并存，是个理想的读者和理想的编辑。"

纳恩·塔里斯深深感到杰奎琳在出版方面杰出的才能。她说："我铭记她在肯尼迪总统葬礼上的表现，展示出了她对于美国历史和美国之于世界象征意义的理解，她的态度非常得体。我们在那个女性地位不是很高的年代成长起来，有些东西很难克服。因此，我想她选择了这个可以运用她头脑的事业。"

四、结语

诚然，与马克斯维尔·珀金斯、萨克斯·康明斯、罗伯特·戈特利布、罗伯特·吉鲁这些编辑大师相比，杰奎琳的从业时间不够长，推出的也不是顶尖作家和文学杰作。但是她在有限的18年里，利用自己的声望以及对事业的热爱，做到了一般编辑做不到的成就。她选择编辑这个职业，加深了人们对这个职业的理解和认知，在某种程度上也凸显了图书出版业对人类文明的伟大贡献。让我们对这个"幕后行业"有信心的是：我们的编辑推出了伟大的作品和作家，还有就是一些大家熟知的名人在我们行业任职。杰奎琳无疑是后者。

参考文献

［1］Celia McGee. Once an Editor, Now the Subject[N]. New York Times, 2010-12-01.

［2］Robert McFadden. Death of a First Lady: Jacqueline Kennedy Onassis Dies of Cancer at 64[N]. New York Times, 1994-5-20.

［3］Joseph Kanon. Dueling books on the editing career of Jackie O, a woman of many titles[N]. The Washington Post, 2010-12-20.

［4］Meryl Gordon. Bookwoman[N]. New York Times, 2010-12-29.

［5］阿尔·西尔弗曼.黄金时代：美国书业风云录[M].叶新，等，译.北京：机械工业出版社,2010.

（作者：叶新，黄河飞；本文刊于《出版科学》2012年第1期）

往昔编书者，今成书中人

杰奎琳会把格尔茜和我叫过去，当面朗读我们交给她的书稿。她一激动，你甚至可以听到她嗓子里的破音。

——格雷格·劳伦斯

在杰奎琳·肯尼迪·奥纳西斯（以下简称"杰奎琳"）
患淋巴腺癌去世后的16年，爱戴大号墨镜的杰奎琳给人留下
了不可磨灭的、迷人神秘的印象。在畅销书作家没完没了的
研究下，杰奎琳64年人生里的每一小时、每个侧面都被人详
细地剖析。但是，对她生命的最后18年，对她的第二份正式
职业，许多传记要么一笔带过，要么轻描淡写，要么写得不
那么专业，不能让出版业内人士满意。

一、编辑生涯可圈可点

杰奎琳的编辑生涯长达18年之久，与2年的助理摄影记
者、10年的肯尼迪夫人、5年的总统寡妇、7年的希腊富翁妻
子相比，这是她从事时间最长的一份工作了。

1975年，杰奎琳的第二任丈夫亚里斯多德·奥纳西斯去
世后，她回到了纽约城。她需要一份工作。在朋友的建议下，
她选择了编辑职业，先在维京出版社做顾问编辑，两年后"跳
槽"到了双日出版社做编辑，最后做到了高级编辑。在18年
的编辑生涯中，她出了100多本书，涉及商业畅销书、茶几书
（大开本画册）、高档儿童书籍、舞者回忆录、法国王室历史等
一系列不同类别的书籍，其中不乏杰作和畅销书，最值得一
提的是迈克尔·杰克逊的《太空步》（*Moonwalk*）。

1984年，正值迈克尔·杰克逊演艺事业如日中天之际，

杰奎琳运用她自身的名气和庞大的社交网络，击败其他竞争者，和杰克逊签约出版他的自传，预付款高达30万美元。她还给杰克逊找了适当的合作作者，不断催促他的写作进度，并为该书写了序言，高度评价了他那非凡的演艺成就。1988年，《太空步》的精装本一出版就登上了《纽约时报》畅销书排行榜榜首，首印30万册很快销售一空，成了每个杰克逊歌迷的必读之书。

二、两部传记接踵出版

让我们惊喜的是，2011年元旦前后，对杰奎琳夫人这段时间不长但是不乏精彩的编辑生涯，如今有两部相关传记接连上市，弥补了这种缺憾。一部是威廉·库恩的（William Kuhn）的《解读杰奎琳》（*Reading Jackie: Her Autobiography in Books*），2010年12月7日由双日出版社出版；一部是格雷格·劳伦斯（Greg Lawrence）的《编辑杰奎琳》（*Jackie as Editor: The Literary Life of Jacqueline Kennedy Onassis*），2011年1月4日由圣马丁出版社出版。

威廉·库恩是一个传记作家和历史学家，曾著有《政治的乐趣：本杰明·迪斯累利》《维多利亚女王的宫廷生活》等。库恩显然从未见过他笔下的人物，但是受益于双日出版社的支持与合作。纳恩·塔里斯曾任双日出版社的高级副总裁，也是以她名字命名的出版工作室的出版人兼编辑总监，曾经和传主杰奎琳共事多年。她既是库恩的书的采访对象之一，也是该书的责任编辑。她透露，本来双日出版社打算2011年年初正式推出《解读杰奎琳》，但是由于得知劳伦斯的书将在1月4日出版，因此《解读杰奎琳》的出版日期提前了。

格雷格·劳伦斯曾经是杰奎琳的作者之一，他们两人曾一起密切合作，推出了劳伦斯的三本书。当年，他和他的前妻、著名芭蕾舞演员格尔茜·柯克兰（Gelsey Kirkland）应杰奎琳之邀，撰写了自传《在我的坟墓上跳舞》（*Dancing on My Grave*）。他回忆说："杰奎琳会把格尔茜和我叫过去，当面朗读我们交给她的书稿。她一激动，你甚至可以听到她嗓子里的破音。"因此，他是真正了解她的人。事实上，劳伦斯的书里包含了逗乐、有趣的故事，比如杰奎琳对同事穿衣打扮的尖锐批评，或者让人忘记她是名人的不经意的搞笑，等等。

三、两位作者打起嘴仗

由于这两本书存在着明显的竞争关系，因此两位作者之间也打起了嘴仗。他们私下都说彼此的作品是"垃圾"，在公众场合和媒体上却尽量避免冲突。

住在纽约城上西区的劳伦斯对他的对手很轻视，他在一次电话采访里说："纳恩不是杰奎琳喜欢的那类编辑。这是件很个人的事情，而杰奎琳不会雇用这样的作家为她取干洗的衣服。"

身在麻省坎布里奇的库恩回应道："当我采访杰奎琳在双日出版社的同事时，他们都说到了劳伦斯给他们的印象：他和杰奎琳共事时，确实很不随和。"库恩还说，当双日出版社2008年买下他的书稿时，"格雷格·劳伦斯联系了纳恩的助手，表示他有'一些很有趣的文件'给我看。我告诉他我本来就要做有关杰奎琳的编辑生涯的书稿，而劳伦斯表示'我要自己完成这项工作'，就'啪'地挂断了电话。"

撇开两位作者的争议不说，这两本书都首次展示了杰奎琳对书的热爱和她长达18年的出版生涯。他们采访了相同的人，引用了相似的材料，但是他们的书在风格、语气和看法上是很不一样的。两人的作品都不乏有趣的轶事，但是过高地评价了她的专业造诣。由于可供研究、写作的资料比较缺乏，两位作者也没有编辑出版的研究背景，因此无法正确评价杰奎琳的编辑成就。

（作者：叶新，黄河飞；本文刊于《出版参考》2011年3月下旬刊）

名人自传出版机制初探

——以《太空步：迈克尔·杰克逊自传》为例

借鉴国外名人自传出版的成功经验，构建我国名人自传的特色出版机制，对于我国大众出版业发展，取得更好的经济效益与社会效益，早日与国际市场接轨具有重要的时代意义。

无论在西方还是我国，名人所写的自传性质的书籍是非文学类畅销书的一种，公众可以借此了解名人台前幕后的生活。与其他非文学类畅销书类似，名人自传自有其出版机制和操作方式。1988年，美国双日出版社出版了《太空步：迈克尔·杰克逊自传》（*Moonwalk*），大卖50万册，一跃上榜；2009年迈克尔·杰克逊（Michael Jackson）意外死亡后，该书重新出版，仍然畅销一时。这充分反映了名人自传出版中的"名人效应"和"死亡效应"。本文希望通过对杰克逊的自传《太空步》的策划、创作、编辑、出版、营销、发行诸环节的仔细考察，总结出美国成熟有效的名人自传出版机制，以期对业界同人有所借鉴。

一、《太空步》出版全过程

《太空步》的出版过程可谓一波三折：从选题策划到约稿组稿、代笔写作、出版印制到最后的发行营销，无不倾注了杰克逊本人、策划编辑、助理编辑、代笔者等人的心血。

1.拿下迈克尔·杰克逊自传独家出版权

从1975年至1994年去世，杰奎琳·肯尼迪·奥纳西斯先后在维京出版社和双日出版社工作，很快就升任高级编辑。出版社老板接纳她做编辑的初衷就是看到了她的名人圈优势，希望她操刀名人自传类选题。而就她的策划能力来说，最好的证明就是让迈克尔·杰克逊写了一部自传。1983年的杰克逊只有25岁，但是他的演艺事业处于快速上升期。在众多出版商的杰克逊自传争夺战中，杰奎琳以其魅力征服了杰克逊，以30万美元的预付款拿下独家出版权。

作为本书的策划编辑，杰奎琳的工作几乎涵盖了出版发行过程的每个环节：从市场调研、选题策划、约稿签约、安抚杰克逊、寻找代笔者、设计印制，再到最后的发行营销。为了让杰克逊答应写书，她不惜重新"抛头露面"，亲自为该书写序言，表现出其极高的专业精神。

2.代笔者：二度创作

杰克逊自传的创作过程分为两个阶段。该书第一稿的作者是罗伯特·希尔本。在此过程中，杰克逊口述，希尔本记录兼文字整理，最终交上了第一稿。但是双日出版社认为该书稿缺乏"刺激的细节"，不予通过，解雇了希尔本。1987年，杰奎琳找到了斯蒂芬·戴维斯来写第二稿。戴维斯断断续续花了8个月的时间完成了对杰克逊的再次采访，在很短的时间内整理成第二稿，由双日出版社审核通过。戴维斯与双日签订了保密协议，带着出版社付给他的"慷慨的费用"离开了。

3.文字编辑：积极跟进

书稿一旦完成，接下来就是助理编辑谢伊·阿尔哈特的事了。1987年，斯蒂芬·戴维斯的第二稿完成之后，双日出版社要求阿尔哈特在杰克逊巡回演唱的过程中完成该书的定稿工作。经过商量决定，两人分工，阿尔哈特读给杰克逊听，他碰到需要改动的地方就告诉阿尔哈特。在澳大利亚的两周时间里，阿尔哈特一字不漏地读给他听，他耐心地作着更正或补充，一点点地接近尾声。结束后，阿尔哈特马上带着定稿飞回美国，完成最后的编辑校对工作。最终成形的自传以编年史的方式书写，介绍了杰克逊寒微的出身、杰克逊五人乐队和他们的空前成功、小时候他父亲对他的虐待、他演艺事业的朋友、他的整形手术、他的女朋友和名人朋友，以及他崛起成为音乐巨星的过程。

4.印制成书：充满悬念

这本自传的内容完成编校之后，接下来就是设计和制作。印制虽然是出版社的事情，但是杰克逊并不置身事外，为此提供了他至爱的照片、自画像，以及他在白纸上准备的亲手签名。印刷方面，采用60磅纸印刷，比大多数书所用纸的质量更高。书名的采用也是几经考虑，最终采用了"Moon-walk（太空步）"。本书的命名既是由于杰克逊那魔幻般、标志性的舞步，也可反映出他那节节攀升的演艺历程。由于杰克逊被公众广泛关注，《太空步》的出版过程始终处于高度保密状态，不仅是书中的内容，还有出版的任何细节。比如，在印刷厂，这本书被赋予代号"尼尔·阿姆斯特朗（美国宇航员，人类历史上登上月球的第一人）"，以此暗指"太空步"的书名。该书定价为15.95美元，首印30万册。

5.营销发行：一炮而红

虽然《太空步》巨大的首印数取决于预订数，但是双日出版社也不放弃对该书的宣传推广。考虑到杰克逊的粉丝并不经常去书店，双日出版社与杰克逊的宣传团队合作，开始使用固定的广播节目来宣传本书，以促进纸书的销售。这些宣传活动包括新闻发布会，或者读者得参加《太空步》书籍的歌唱比赛等，在超过27个城市的70余个电台举行。一些类似的促销活动也出现在全美收视率最高的19个全国性电视节目中。

出版社的传统促销一般集中在报刊广告领域。双日出版社采用大规模的报刊广告、大幅海报及与书店合作的广告来促销《太空步》，宣传预算为15万美元。

双日出版社选择1988年4月18日（周一）在芝加哥首发该书，周三就在美国各大城市的书店上架。这本书一经出版，便荣登《纽约时报》畅销书榜首位，首印30万册一销而空，最终卖出了50万册，成了每个杰克逊歌迷的必读之书。在1988年美国畅销书榜非文学类前15名中，这本书位列第10名。

除了在美国大卖之外，双日出版社还将该书的版权卖给了英国、日本、瑞典、荷兰、德国、法国和意大利的出版商。它也是美国最大的图书俱乐部——文学会的一本特选书。

6.再版发行：昨日重现

2009年6月25日，杰克逊的去世导致《太空步》重新回到了公众的视线之中。数家美国出版社都对《太空步》的再版授权颇感兴趣，掀起了一轮版权之争。最终，该书在美国和加拿大的出版权被谢伊·阿尔哈特购得。她本是1988年版《太空步》的文字编辑，现在是兰登书屋所属皇冠出版集团的哈莫妮出版社（Harmony）的副总裁兼出版人。2009年10月13日，《太空步》在美国首印10万册，定价25美元。而其他国家的版本也同时推出，中文版的出版方是安徽科技出版社。

二、名人自传出版机制

名人自传表现了名人跌宕起伏的人生道路、或欢笑或伤悲的各类情感、引人入胜的个性和特质，满足了读者窥探猎奇的心理，寄托了他们渴望成名、忘却自身烦恼的希望，也为出版社带来极大的销量和可观的利润。但是，名人自传出版如何形成有效的出版机制呢？《太空步》的出版发行能给予我们什么样的启示呢？

1.紧扣名人效应

名人自传，讲求的就是"名人效应"。国外出版商选择传记的主人公，往往运用权力、名望、隐私三大标准。在《太空步》的出版过程中，杰克逊的演艺事业如日中天，人们想通过各种途径来知道他的一切。铺天盖地、或真或假的新闻报道固然能满足人们的好奇心，但是如果他能写一本自传，讲述自己的故事，那是再好不过。在杰奎琳看来，他有名望和隐私，这就是卖点。而作为名人的杰奎琳为《太空步》写的序言，则是利用自己的名人效应给《太空步》的大卖提供了有力的保证。

2009年，《太空步》的再版则体现了"死亡效应"，或者说"死亡名人效应"。不管他们是过气名人还是当红名人，不管他们是正常死亡还是非正常死亡，都会由于新闻报道而回到大众的视野，这就相当于给名人自传的推出做了"硬广告"。再版的《太空步》能在短时间内大卖10万册就是明证。

名人自传是"快"文化赚钱策略的一种体现，运用名人这块金字招牌，吸引读者，为出版社创造了良好的社会效益与经济效益。在出版界，名人自传似乎与畅销书之间画上了等号。

2.最大卖点是名人隐私

从西方出版界来看，名人自传中的感情隐私无一例外成为大卖点、宣传噱头，也往往成为提升销量的制胜法宝。名人的感情隐私无非涉及名人的感情经历、婚姻状况、家庭成员、与其他名人（特别是异性名人）的关系。因此，"感情篇"往往成为名人自传的"必选题"。比如《太空步》就说到了迈克尔·杰克逊从小受到父亲的虐待、他的恋爱经历、他的女友们，比如波姬·小丝、伊丽莎白·泰勒、凯瑟琳·赫本，等等。本来他也可以对他和杰奎琳的关系大书特书，可这是后者的隐私，当然是三缄其口、无法着墨了。

出版社向名人支付了很高的预付款，是要讲求利益和回报的。自然名人自传中的隐私越多越好，态度越真实越好，但要看名人愿不愿意暴露过多的隐私，"犹抱琵琶半遮面"，欲语还休，也能起到作用。因此，名人自传暴露隐私还是要把握好"度"，过度对名人不利，容易引起读者的反感，对出版社也未必有好处，会使其品牌受损。另外，如果名人自传涉及太多别人的隐私，情况不实，容易被控告诽谤，这也是作者和出版社应当注意的问题。

3. 时间就是金钱

对当红名人，谁在第一时间出书，谁就能挣到钱。新传记的出版速度对于出版商而言，无疑意味着效益。因此，在出版名人书时，各大出版社都要求第一时间抢占市场。

当初杰奎琳拿到杰克逊自传的出版合同，以为推出该书也就是一年半载的事情，但是天不遂人愿，拖了好几年。还好，杰克逊的演艺事业一直处在快速的上升期，自传长期不推出，倒造成了读者更大的期待、市场的最强"饥饿感"。如果出版合同签约一年内不出书，万一杰克逊的演艺生涯有闪失，比如绯闻、丑闻等，30万美元的预付款就打水漂了。如何能保证尽快推出自传呢，那自然是作者或者其代笔者的笔头要快，出版社要把握市场卖点的准确性和名人自传推出的时机。如果是同一名人推出自传，一本为宜，如果是两本及以上，最好有足够的时间间隔。如果是非自传类的名人书，那肯定是越快越好。臧永清当年在中信出版社做副总编时，曾主持编写过一本"超女"主题的书，超女比赛结束后仅两天，书就出现在西单北京图书大厦的书架上。

4.枪手代笔是"显规则"

在国外，名人请人代笔写自传，已经是"显规则"。名人根据出版社的要求提供内容，代笔者进行适当的组织和表述。两者分工协作，各司其职。比如克林顿自传《我的生活》请的代笔者就是著名编辑罗伯特·戈特利布。戈特利布在著名的克诺夫书局担任总编辑时，就擅长推出名人书，文笔也相当之好，给克林顿代笔简直是易如反掌。克林顿在后记中对戈特利布表示了诚挚的谢意，当然戈特利布也能得到不菲的代笔费用。比如《纽约时报》就曾报道说，西蒙-舒斯特出版社为希拉里的签约自传寻找代笔者，酬金可能高达50万美元。而希拉里、克林顿两人自传的预付款分别为1000万美元、800万美元。

但是国内的许多学者与读者认为，即使是以合作的形式，明星自己口述然后请人笔录的，应该在书里署名合作作者，不然就是不诚实。如果自传完全由人代笔，就更是不诚信的表现，而且发生在明星身上，负面效应会放大。比如某著名主持人写的自传就被爆料是一名女枪手代笔，因此他的人品也受到质疑。这其实是对名人的过度苛责。我们不能说他的主持风格突出，就推断出他的文笔也是相当的好。名人能写，固然是锦上添花，如不能，找个代笔者帮忙，也是情理之中。

实际上，就当今国内出版界而言，名人或者出版社找枪手代笔已然是潜规则。无论是枪手、名人，还是出版社、书店，都是名人书产业链条上的一环。国内出版业应该借鉴西方出版社方式，变"潜规则"为"显规则"，为代笔者适当正名，可以给予合作作者的身份，或是在前言后记中予以说明。如果出版社或者名人不愿意给予代笔者足够的名分，一定要签订保密协议和著作权转让协议，给代笔者适当的经济补偿。

5.团队合作是关键

名人自传出版是以出版社编辑、名人、代笔者三方合作为纽带的一种出版形式。策划编辑需要挖掘卖点，名人提供内容资料，枪手代笔润色，最终由文字编辑核实修饰作品，成为定稿。比如在《太空步》这本书的出版过程中，策划编辑杰奎琳统领全局，说服杰克逊写书，确定自传的写作主旨，让他暴露自己的隐私；寻找代笔者，在代笔者与杰克逊之间形成一道联系的桥梁；两位代笔者与杰克逊充分接触，以后者的口吻写出该书；代笔者写完定稿后，助理编辑谢伊·阿尔哈特及时跟进，不厌其烦地与杰克逊沟通订正史实，编辑书稿；再加上名人杰克逊提供自己的宝贵资料，深入挖掘自己的内心深处。《太空步》这本完美的自传就是这样被打造出来的。在名人自传的出版过程中，缺少任何一方的配合都最终无法获得成功。

以上通过对案例迈克尔·杰克逊的自传《太空步》的分析，总结出名人自传的出版机制：名人是消费热点（名人），时间就是金钱（时间），代笔成为显规则（代笔），团队合作为制胜法宝（团队）。快文化成为出版社的赚钱策略，编辑越来越需要具有策划、营销、发行等全方位的能力。借鉴国外名人自传出版的成功经验，构建我国名人自传的特色出版机制，对于我国大众出版业发展，取得更好的经济效益与社会效益，早日与国际市场接轨具有重要的时代意义。

参考文献

［1］ Edwin McDowell. Michael Jackson Writes His Story[N]. New York Times, 1988-04-18.

［2］ 迈克尔·杰克逊.太空步:迈克尔·杰克逊自传.传神翻译,编译.合肥:安徽科学技术出版社,2009.

［3］ 胡孙华.国内出版业走出"太空步"[N].长江日报,2009-07-07.

［4］ 王峰,姚建莉,黄易.枪手代笔:名人"写作班子"内幕调查[N].21世纪经济报道,2012-02-04.

［5］ 郝洪捷.金融危机下海外出版界倍添浮躁之风[N].法制晚报,2008-11-24.

（作者：叶新，侯睿；本文刊于《出版发行研究》2012年第2期）

《天才的编辑》的创作、出版和传播

他（马克斯维尔·珀金斯）希望成为一个蹲在大将军肩头的小矮子，建议他该做些什么，不该做些什么，而自己却不引起他人的注意。

——《天才的编辑》

一说起马克斯维尔·珀金斯（Maxwell Perkins, 1884—1947）这个名字，现在的许多业内资深人士并不陌生。1910—1947年，他一直担任美国斯克里布纳出版社（Charles Scribner's Sons）的编辑，鞠躬尽瘁，去世之前还在看稿子，发掘和提携了F.斯科特·菲茨杰拉德（F.Scott Fitzgerald）、托马斯·沃尔夫（Thomas Wolfe）和欧内斯特·海明威（Ernest Hemingway）等美国著名作家，自己也成为美国出版界的传奇人物，因此被称为"天才的编辑"（Editor of Genius）。在美国，这样的例子很多。一个天才作家的身后常常站着一个或者几个同样天才的编辑，编辑的劳动往往体现在作家的作品当中。比如帕斯卡·柯维希（Pascal Covici）之于约翰·斯坦贝克（John Steinbeck）、哈罗德·莱瑟姆（Harold Latham）之于玛格丽特·米切尔（Margaret Mitchell）、萨克斯·康明斯（Saxe Commins）之于威廉·福克纳（William Faulkner）、罗伯特·戈特利布（Robert Gottlieb）之于约瑟夫·海勒（Joseph Heller），等等。

既然编辑活动的本质是躲在荣誉之后的、不为人知的艺术，那么是谁让珀金斯这么一个"无名英雄"赫然祖露在众人的面前的呢？他就是美国著名传记作家A.斯科特·伯格（A.Scott Berg, 1949— ）。1978年，年未而立的他出版了《天才的编辑》（*Max Perkins: Editor of Genius*）一书，不仅使其一举成名，也由此奠定了他30年传记写作生涯的坚实基础。

而这样一本处女作兼成名作的出版，是与其少年时代的狂热梦想、大学导师的悉心指导、母校图书馆的丰富馆藏以及个人对资料的不懈搜寻和深度挖掘是分不开的。

一、创作过程

1.少年时代的狂热梦想

A.斯科特·伯格并不是一开始就要写关于珀金斯的传记的。在20世纪的大部分时间里，不仅是他，一般美国人也不知道珀金斯是何许人也，更不知道珀金斯和F.斯科特·菲茨杰拉德之间的关系。只是他的母亲芭芭拉·伯格偏爱菲茨杰拉德的作品，当她怀上小伯格时，喜欢读菲茨杰拉德的小说打发时间，还给他取了与菲茨杰拉德同样的名字"斯科特"。在母亲的一再熏陶下，小伯格也开始阅读他的作品，对这位名作家痴迷不已。在1965年上高中二年级时，英语课老师要求每位同学写一篇10页纸的论文。小伯格选的是菲茨杰拉德的成名作《人间天堂》(*This Side of Paradise*)，这本自传体小说主要反映了菲茨杰拉德在普林斯顿大学就读时的时光。为了写论文，他着重阅读了该书的第二章"塔尖和滴水兽"，描述的是小说主人公埃默里·布莱恩（菲茨杰拉德的化身）刚刚进入普大校园的情景。此后两年中，他一直把该书放在他的枕头底下，有空就拿出来看。虽然他此前从未去过普林斯顿大学，但是对校园的情景简直是历历在目。书中的描写让小伯格对该大学产生了无限的向往，梦想有一天也会像1913年的菲茨杰拉德一样出现在校园中。高中毕业后，他的最大心愿就是进入普林斯顿大学，因为它是菲茨杰拉德的母校。幸运的是，1967年他果真成了后者的校友，进入英文系就读。

对菲茨杰拉德和伯格来说，普大时光都是告别过去，拥抱未来的重要"过渡期"。伯格把《人间天堂》作为他的校园生活指南，极力模仿菲茨杰拉德的所作所为。他参加了菲茨杰拉德参加过的饮食俱乐部，像他一样在普林斯顿三角俱乐部（Princeton Triangle Club）剧团写作和演出，给校内文学刊物《普林斯顿校友周刊》（*Princeton Alumni Weekly*）写稿。

在上大学的第二天，伯格就跑到燧石图书馆（*Firestone Library*）借了菲茨杰拉德的《了不起的盖茨比》（*The Great Gatsby*）的手稿。潦草而懒散的字体、杂乱的笔迹，破旧的纸张上面布满了删减字样的痕迹。他看得很仔细，用手指着，一字一句地看，就像接触到菲茨杰拉德本人一样。他暗暗发誓，要给心爱的作家写一本传记。

两年以后，这果真成了伯格的初级论文（大学三年级论文）的主题。但在查资料写论文的过程中，由于导师的影响，他的目光逐渐地转到了另一个人身上。这就是菲茨杰拉德的责任编辑——珀金斯。

2.大学导师的悉心指导

在做有关菲茨杰拉德的初级论文的过程中，伯格发现《人间天堂》等名著并不是一投稿就出版了的，中间经历了很多的修改、重写过程，还差点被退稿和夭折。

1917年，菲茨杰拉德等不到毕业就报名参了军，奉命到堪萨斯州的利文沃思军营受训。1918年春天，训练之余的他悄悄写了一本12万字的小说稿《浪漫的自负者》。他估计他所在的部队可能会去海外参战，前途未卜，便把该书稿交给一位朋友保管。而这位朋友自作主张，想请斯克里布纳出版社的编辑对书稿作个"评价"。在总编辑否决之后，职位较低的珀金斯却给菲茨杰拉德回了封信，指出书稿的诸多缺点，并希望作者能够修改重来，这大大鼓舞了菲茨杰拉德。1919年9月，菲茨杰拉德将几乎全部重写、换了书名的稿子又投了过来。

这一次，菲茨杰拉德果然没有让珀金斯失望，而珀金斯也成功地说服了老板和总编辑。这本书就是菲茨杰拉德的成名作《人间天堂》，它使同样年轻的编辑珀金斯和作家菲茨杰拉德就此奠定了非凡的职业生涯。而受到同样礼遇的还有托马斯·沃尔夫和欧内斯特·海明威。如果说这三个作家成就了"迷惘的一代"的话，那么珀金斯就是其背后最重要的推手之一。沃尔夫专门写了一部长诗献给帕金斯，称他为"亲爱的狐狸老友"。1952年，海明威推出了其后获得普利策小说奖和诺贝尔文学奖的经典名著《老人与海》（*Old Man and the Sea*），他在书的扉页上郑重题字献给珀金斯，以示永久的纪念。

1947年6月17日，过度劳累的珀金斯与世长辞。和他相知的友人仍念念不忘，认为他的逝去是美国文坛的一大损失。1950年，斯克里布纳出版社的高级编辑、诗人约翰·霍尔·威洛克（John Hall Wheelock，1886—1978）从该出版社档案所藏珀金斯所写的几千封信中，精选了188封辑为一册，以《编辑致作家：珀金斯书信选》（*Editor to Author: Letters of Maxwell E Perkins*）为名出版。这是最早的涉及珀金斯资料的公开出版物。其中，珀金斯致菲茨杰拉德的有8封，致沃尔夫的有18封，致海明威的有14封。

普林斯顿大学燧石图书馆也立刻收藏了这本书。这使伯格在写有关菲茨杰拉德论文的过程中，能够接触到它，并以此为线索，搜索到更多的其他馆藏档案资料。随着研究的深入，他越来越有一种强烈的感觉：珀金斯的伟大编辑生涯还没有得到很好的记录和评价，他的整个一生对人们即使是他的身边人来说还是模糊不清。给伯格很大震动的是，威洛克在《编辑致作家》的前言中说："要评价像马克斯维尔·珀金斯这样一个编辑的成就还为时过早，它已经成为美国当代文学史的一部分。"而此后20多年，这句话并没有引起多大的反响。

有关菲茨杰拉德、沃尔夫、海明威的研究和传记是如此之多，却对给予他们极大影响的珀金斯少有描述。因此，伯格的高级论文（四年级论文，相当于我国的本科毕业论文）就选择了珀金斯，主要是对珀金斯1919年到1929年编辑生涯的研究，希望从培养伟大作家的角度来记录伟大编辑珀金斯对美国文学史的巨大贡献。

这个想法得到了他的毕业论文导师卡洛斯·贝克教授（Carlos Baker，1909—1987）的高度认可。伯格在《天才的编辑》一书的后记中提到，除了父母，最应该感谢的就是贝克教授。他说："如果没有我在普林斯顿大学的导师卡洛斯·贝克教授的一直鼓励和忠告，这本书不会有良好的开端。"为此，在书的扉页上，伯格把这本书部分地献给了贝克教授。

而从伯格这篇高级论文的写作过程来看，具有深厚的学识素养和丰富的写作经验的贝克教授确实当仁不让。卡洛斯·贝克是普林斯顿大学"伍德罗·威尔逊讲座"文学教授。1940年，他在该校获得了文学博士学位并留校任教，因此也是菲茨杰拉德和伯格的校友。贝克教授曾于1969年出版了有关海明威的学术传记，广受好评。他在伯格的身上确实倾注了很大的心血。不仅是查询资料、确定选题，而且在传记写作方面，他都给予具体而悉心的指导。另外，在人生道路的选择上，贝克也对伯格产生了极大的影响。

在进入大学四年级之后的一段时期，由于伯格的表演事业蒸蒸日上，他一度考虑要辍学当一名专业演员。有一次，普林斯顿大学三角俱乐部在纽约林肯艺术中心演出，伯格得到了观众长时间的起立鼓掌。当他返回后台时，三个经纪人已经在那等着了。他们告诉伯格如果和他们签约，他可以第二天就开始工作。伯格几乎要答应下来了。回校之后，伯格向贝克请教辍学演戏的事情。后者没有轻易否定他的选择，只是问他："你一直想写的珀金斯论文写得怎么样了？为什么你不等到毕业，那样的话你至少是一个拥有学士学位的演员。"伯格深以为然，珀金斯的传记是他未了的心愿。他后来回忆说："我想他就是我要找的能给我正确建议的人。没有他，我或许现在哥伦布市的夏令剧目中出演《梦幻骑士》（*Man of La Mancha*）呢。"当然，他也会和他的偶像菲茨杰拉德一样没有像样的学位。

作为一名著名传记作家，贝克教授还在传记写作方面给伯格很好的建议。据伯格自己回忆，他曾经问贝克："我什么时候才能知道该开始动手写了？"而后者并没有做正面回答，只是说："你就想你自己是一片云。多年来你一直在聚集水汽——聚集，聚集，聚集。然后有一天，云中的水汽开始凝结，这时话语就像雨滴一样从云中落了下来。"

大家都没有想到的是，伯格下的是一场"大雨"。他最终成稿的论文有250页之多，对一个本科生来说太长了，以致他需要对系里做出专门的打印说明。他的毕业成绩是"A+"，获得了英语系的优秀论文奖"查尔斯·威廉·肯尼迪奖（the Charles William Kennedy Prize）"。在贝克和其他老师以及出版社编辑的鼓励下，伯格又花了6年的时间，将毕业论文扩展成一本成熟的传记，涵盖了珀金斯的整个编辑生涯。

3. 母校图书馆的丰富馆藏

从资料方面来说，伯格能够完成这篇高级论文的写作，主要借助于普林斯顿大学的特殊馆藏。普大燧石图书馆的手稿收藏部门有一个"美国出版史料"（American Publishing History）项目，其中就包括了两个与其研究有关的内容类别：

一是"斯克里布纳出版社"。共524箱、226卷。收入了自该出版社19世纪40年代以来的资料。首先是编辑和作家之间的大量通信，然后是该出版社的商业记录、照片和斯克里布纳家族资料等。

二是"马克斯维尔·珀金斯"。共2箱，收入了珀金斯1922年到1947年给好友伊丽莎白·莱蒙的信件，主要是讨论他和沃尔夫、菲茨杰拉德等作家的关系。

那么，为什么斯克里布纳出版社的档案资料会藏在普林斯顿大学呢。这还得从斯克里布纳家族和普林斯顿大学的渊源说起。原来自1840年出版社创始人老查尔斯起，总共有7位家族成员毕业于普林斯顿大学，其中包括查尔斯·斯克里布纳一世到五世5位总裁。普林斯顿大学出版社也是在斯克里布纳家族的帮助下建立起来的。

1967年3月，冥冥中似有天意，恰巧也就是伯格进校的那一年，查尔斯·斯克里布纳四世将该出版社121年的档案资料首次捐赠给普林斯顿大学，包括的文件有25万份之多。学校当局认为这是自1755年以来收到的最重要的一份礼物。

贝克教授对这批资料给予了极高的评价。他说："在这些马尼拉纸夹中包含了数十万份尚未公开的史料，它们涉及的是我们这个时代一些最重要的文学作品的萌芽、成稿、出版和传播。"如果这些资料能够很好地加以整理和研究，他相信"美国当代文学史将会变得更加丰富多彩"。

正是这些贝克教授十分看重的档案，为他关于海明威学术评传的写作和出版提供了第一手的资料。而其后不久，又是他指导他的弟子伯格，利用这些资料写作了有关菲茨杰拉德和珀金斯的论文。

值得一提的是，斯克里布纳出版社的档案资料自此以后定期捐赠给普大的燧石图书馆。普林斯顿大学对此极为重视，在燧石图书馆中成立专门的"斯克里布纳图书室（The Scribner Room）"，并举办定期的资料展览。

4.本人对资料的不懈搜寻和深度挖掘

伯格的高级论文只是记录了珀金斯编辑生涯的一个片

段，而要扩展成一本可以出版的书，还需要假以时日。一开始，他以为只需要花9个月左右的时间就可以完工，因此制订了一个写作计划。但是，由于要查阅和消化更多的资料，最终这本传记花了他长达6年的时间。

在充分利用普大的馆藏资料之外，伯格还去了别的图书馆，比如哈佛大学的休斯顿图书馆藏了很多托马斯·沃尔夫的手稿；宾夕法尼亚大学C.P.范佩尔特图书馆藏有范·维克·布鲁克斯（Van Wyck Brooks）的信件和笔记本。他是珀金斯学生时代的好友、哈佛大学的同学，著名作家。芝加哥的纽伯瑞图书馆藏有马尔科姆·考利（Malcolm Cowley）的笔记，还有很多珀金斯的信件都在他的朋友和家庭成员手中。他是美国著名小说家、诗人、批评家、记者。

为了避免二手资料的讹误，伯格的写作主要依靠的是一手资料来源：珀金斯来往的上万封信件、他编辑过的手稿、与熟悉他的人的访谈记录。

首要的采访对象是珀金斯的五个女儿。她们每个人都将伯格带到家中，慷慨提供信息，毫无保留和忌讳，6年中一直如此，他们成了伯格可靠的朋友。采访对象当然还包括珀金斯的许多亲戚、朋友和同事，达100人之多。马尔科姆·考利早在1944年4月就分两期在《纽约客》杂志发表了《忠实的朋友》（Unshaken friend）一文，是对珀金斯编辑生涯最早也是较透彻的公开评价，是伯格研究早期的必备资料，他通过信件和访谈的方式解答了伯格的很多疑问。

伯格还走访了斯克里布纳出版社当时的老板查尔斯·斯克里布纳四世，后者不仅提供了自己收藏的信件，还介绍其他有关人等给伯格认识。为了查阅资料方便，后者甚至在纽约市的斯克里布纳大厦五层专门给他提供了一张办公桌。

5.取得的声誉和成就

伯格花了7年时间，锻造出的是一把名剑。1978年1月，《天才的编辑》由美国达顿出版社（Dutton）出版，一问世就好评如潮，迅速登上美国畅销书排行榜。包括《纽约时报》《华盛顿邮报》《芝加哥论坛报》《出版商周刊》《纽约客》《时代》在内的各大媒体纷纷予以报道，赞赏有加。《纽约时报》"书评周刊"认为这是"一本极具可读性的美国文学史读本"。《迈阿密先驱报》（*Miami Herald*）说："马克斯维尔·珀金斯哺育了举世闻名的一代文学巨匠，其中包括菲茨杰拉德、海明威和沃尔夫。对这些作家来说，他扮演的不仅是一个非凡的编辑，而且还是批评家、心理医生、倾听告解的神父和忠实的朋友。珀金斯又是怎样的一个人呢？现在随着A.斯科特·伯格这本全面、深刻、充实的传记的推出，谜底终于揭开了。"

1980年，该书获得了美国国家图书奖（National Book Award）的"传记写作奖"，使其开始跨入美国一流传记作家的行列。本书的写作培养了他十年磨一剑的写作精神，并贯穿于30年传记写作生涯的始终。他的第二本书是美国著名独立电影制片人塞缪尔·高德温（Samuel Goldwyn）的《高德温传》（*Goldwyn: A Biography*），出版于1989年，获得古根海姆学术奖金（Guggenheim Fellowship）。第三本书是关于美国著名飞行家查尔斯·林白（Charles Lindbergh）的《林白》（*Lindbergh*），出版于1998年，精装本卖出25万本，登上了纽约时报畅销书排行榜的第一名，电影版权也被好莱坞买走，最终还获得了普利策奖中的"传记（自传）奖"。2003年，他推出了第四本书，是关于美国著名演员凯瑟琳·赫本的传记，结果却毁誉参半。目前，他正在写作第五本传记——《伍德罗·威尔逊》。威尔逊既是美国总统，又是普林斯顿大学校长，普大以其命名国际关系学院。目前，他的资料搜集和研究工作已经完成，正开始写作。而他的人生目标就是完成六本传记。

二、《天才的编辑》的版本和译本

《天才的编辑》出版畅销之后，很快就传到了英国、日本等其他国家。比如在英国，1979年由哈米希·汉密尔顿出版社（Hamish Hamilton）推出了该书的精装本；1999年由潘神出版社（Pan Books）推出了平装重印版。日本于1987年由草思社推出了日文版。我国当然也不例外。

《天才的编辑》在中国有两个译本。因为当时中国没有颁布著作权法，也没有加入国际性的版权公约，因此译者和出版社无须取得授权，出现多个译本也就不足为怪了。

第一个译本由孙致礼、郑启五等四人翻译，1987年4月由陕西人民出版社出版，大32开，607页，定价4元。首版印数为1620册，此后未再重印。

第二个译本由冯亦代、郑之岱翻译，1988年3月由书海出版社出版。32开，定价3.8元。首版印数为1500册，此后未再重印。《天才的编辑》并不是单独成书，而是和《书的诞生》合在一起，名为《出版人的故事》。《书的诞生》（*Of Making Many Books:A Hundred Years of Reading*，*Writing and Publishing*）是斯克里布纳出版社成立100周年纪念的特辑。该书被收入"国外编辑出版丛书"。这套丛书一共6本，其他还包括斯坦利·安文（也译"昂温"）的《出版概论》、小赫伯特·史密斯·贝利的《图书出版的艺术与科学》等。

有意思的是，据《天才的编辑》译者之一郑启五自述，当年他在厦门大学上学时，出于对文学翻译评论的尝试，写就了《评〈华尔特·密蒂的隐秘生活〉的两个译本》，不久被广州外国语学院学报（现名《现代外语》）1981年第4期全文转载。他点评的两个译者就是冯亦代和孙致礼。

当时因原著部头太大，背景繁杂，译事艰难。而让译者烦恼的是，征订数几乎难以开机。在20年前，这两本书不到2000本的首版印数简直令人难以想象。

虽然印数和版本不是衡量图书好坏的唯一标准，但反观此书在美国的命运则截然不同，它给作者带来的不仅是一时的名利双收，而且30年来一版再版。根据对亚马逊网站的书目搜索，其出版社、版本和出版年份如下：

1. 达顿出版社（Dutton），精装本，1978.1.1

2. 里弗黑德出版社（Riverhead），平装本，1978.1.1

3. 袖珍出版社（Pocket Books），廉价本（Mass Market Paperback，1979.9.1

4. 磁带书公司（Books on Tape, Inc.），磁带听书（Audio Cassette），1991

5. 里弗黑德出版社，一般平装学生版（Trade Pbk. Ed edition），1997.6.1

6. 伯克利出版社（Berkley Trade），重印平装版（Reprint edition），2008.9.2

当时，《天才的编辑》由达顿出版社和里弗黑德出版社同时推出了精装和平装两个版本，1979年还由袖珍出版社推出了廉价版，成为当时的畅销书。不可思议的是，该书在1991年还推出了磁带听书。它几乎每十年重印一次，而最新的版本则出版于2008年。因此，只要是好书，就有旺盛的生命力。

当年，为了支持编辑出版专业资料的出版，国家出版管理部门批准成立两家专业出版社来出版有关著作，为我国的编辑学、出版学研究做了不少贡献。20世纪90年代中期以来，一家几乎沉默，一家已经转型，出书范围大大拓展。倒是中国工人出版社2000年高调推出了G.格罗斯的《编辑人的世界》，由当时的中国编辑学会会长刘杲先生作序，大大火了一把。之后，机械工业出版社、河北教育出版社、中国人民大学出版社、人民文学出版社等推出了不少有关外国出版界的图书。有的就是当年的重译本，比如人民文学出版社推出的《我与兰登书屋》、河北教育出版社推出的《图书出版的艺术和科学》等。

而有传闻《天才的编辑》也在酝酿重译，笔者希望有更多类似的外国著名编辑、出版人传记能够译介进来，以加强我国编辑出版人物的研究，加强与国外同行的交流，活跃出版界的学术气氛。

参考文献

［1］ Berg A. Scott. Max Perkins: Editor of Genius[M]. New York: Berkley, 2008.

［2］ 徐鲁.天才的编辑——帕金斯的编辑生涯[J].出版科学,1999(1).

（作者：叶新；本文刊于《中国出版》2010年第5期，《出版史料》2010年第2期）

弱水三千，只取一瓢

——谈《天才的编辑》电影改编的"得"与"失"

文学作品的影视改编实质上是艺术家对原著进行再加工、再创作的过程。导演要在原著的文学性与电影的艺术性之间权衡，既要忠实于原著，尽可能阐释原著的主题、精神和内涵，同时也要考虑电影的商业性，使其符合电影市场的需求。

一、从文学到电影

电影《天才捕手》改编自 A.司各特·伯格的传记小说《天才的编辑》。影片采用传统传记电影的线性叙事方式，讲述了美国天才编辑麦克斯·珀金斯与天才作家托马斯·沃尔夫之间交往合作的故事。在美国出版史上，鲜有比珀金斯更具传奇色彩的人物。珀金斯对文学作品有着敏锐的发现力和独到的判断力。不仅有一双识英雄的"慧眼"，还有一双造英雄的"巧手"。在斯克里伯纳出版社工作的36年里，他发现了菲茨杰拉德、海明威、沃尔夫等多位文学天才，不断鼓励并激发他们的文学创作。除此之外，珀金斯还单枪匹马挑战了几代人固定下来的文学品位，掀起了20世纪美国文学的一场革命，并渐渐改变了"编辑"这一职业的作用。

文学作品用文字的表达方式创造情节及人物形象，而电影改编除了要完成从文字到影像的文本转化之外，还要遵循一定的创作原则。一方面，电影受限于时长，无法完整地展现原著中的人物关系及故事情节，这就要求导演要对原著的故事内容进行取舍，提取出最有价值的内容素材。另一方面，为了迎合电影市场的需求，导演要对原著的叙事结构、人物形象以及故事情节进行二次加工，以制作出符合商业运作的电影。基于以上两点原则，必然导致电影与原著有所差异。

二、改编的"得"与"失"

1.对原著的截取

文学改编作品可以在尊重原著主题和思想的基础上，适当地对小说的故事情节作出合理、准确的取舍。导演从《天才的编辑》近600页的篇幅中截取了其中一段铂金斯与沃尔夫合作交往的故事。首先，从故事情节上看。将珀金斯与沃尔夫的故事突出，弱化或删去原著中其他人物和故事，使电影中的情节和结构更加紧凑，矛盾冲突更加集中，有利于强化珀金斯与沃尔夫的关系，塑造出珀金斯与沃尔夫鲜明的形象特征。其次，剧情电影把戏剧性的冲突作为电影的主要因素，珀金斯与沃尔夫的故事符合电影传统的戏剧式的情节结构：开端——珀金斯发现沃尔夫，发展——珀金斯与沃尔夫合作改稿，高潮——珀金斯与沃尔夫争吵决裂，结尾——沃尔夫离世。这是最典型的戏剧冲突的结构，也最容易改编成电影。加上原著中珀金斯、沃尔夫与伯恩斯坦夫人三人的矛盾冲突最为激烈，戏剧性强，使剧情一波三折，更容易推动剧情的发展，也更符合影视艺术的审美价值。最后，沃尔夫是珀金斯职业生涯中付出心血最多的作家。他包容沃尔夫豪放不羁的写作方式和疯狂善变的脾性；为了沃尔夫首次在公开场合戴上使自己尴尬、不适的助听器；一边含泪读着沃尔夫的绝交信，一边低声下气地挽留沃尔夫的离开；因为沃尔夫的离世，陷入无法自拔的痛苦之中……这已经远远超出了一个编辑的职业本分，甚至上升到了一种父子亲情的地位。因此，电影选取珀金斯与沃尔夫的这段故事最具代表性和典型性，也最容易打动人。

2.移花接木的改编手法

（1）巧妙置换。情节的核心是矛盾冲突。在《天才的编辑》电影改编中，为了更好地表现人物之间的矛盾冲突，导演将原著中的情节和人物进行了巧妙的置换。通过这些矛盾冲突形成合情合理的情节发展，烘托人物形象，深化主题思想。例如原著中沃尔夫对埃莉诺的身份进行猛烈抨击的内容，改编成电影后被巧妙地置换成沃尔夫对菲茨杰拉德的冷嘲热讽。表1为书中情节与电影情节的对比。

表1 书中情节与电影情节的对比

序号	书中情节	电影情节
1	埃莉诺刚出院，到珀金斯家用晚餐	泽尔达刚出院，到珀金斯家用晚餐
2	沃尔夫事先喝了很多酒才到珀金斯家	沃尔夫事先喝了很多酒才到珀金斯家
3	沃尔夫对埃莉诺的身份猛烈抨击	沃尔夫对菲茨杰拉德冷嘲热讽，有意无意地抨击珀金斯
4	珀金斯故意打趣，缓和气氛	珀金斯尽量缓和气氛
5	沃尔夫要离开，珀金斯将他劝回	无
6	珀金斯和沃尔夫一起送埃莉诺回去，随后找了一家餐厅谈话	珀金斯将沃尔夫拉出去单独谈话

续表

序号	书中情节	电影情节
7	珀金斯第一次对沃尔夫发火，大声呵斥	珀金斯第一次对沃尔夫发火，大声呵斥
8	过了一段时间，沃尔夫带着玫瑰花到珀金斯家，亲自向埃莉诺道歉	过了一段时间，沃尔夫到菲茨杰拉德家，亲自登门道歉

通过表1我们不难看出，导演在电影改编中将与剧情无关紧要的埃莉诺置换成菲茨杰拉德，一方面简化了电影中的人物关系，另一方面也更突出了沃尔夫与珀金斯、沃尔夫与菲茨杰拉德之间的矛盾，使影片的人物矛盾更加集中。

（2）重新编排。导演在电影《天才捕手》中，为了更好地表现电影的感情、加强电影的戏剧性，对原著中故事情节的顺序进行了重新编排。例如原著中沃尔夫在与珀金斯见面之前就已经在信件中得知斯克里伯纳出版社有意要出版他的作品，而电影改编之后，沃尔夫是带着被拒绝的心理准备去见珀金斯的。当珀金斯说："沃尔夫先生，我们有意出版您的书"时，沃尔夫激动得说不出话来。导演让珀金斯亲口说出这个喜讯，并且把这个"喜讯"安排到他们第一次见面的时候才公开，为观众呈现出得知喜讯的那一刻沃尔夫最直观的反应，使他们的首次见面更有意义，也更深刻。另外，沃尔夫给珀金斯的最后一封信，在沃尔夫去世之前珀金斯就已经看过了，而电影改编之后，这封信被放在影片结尾，即沃尔夫离世之后。不仅为影片结尾渲染了一种悲凉的气氛，也进一步深化电影主题，将电影推向了高潮。

3.人物形象的重塑

在电影《天才捕手》中，导演对原著中菲茨杰拉德和伯恩斯坦的人物形象进行重塑，使人物形象更加鲜明、立体。电影中菲茨杰拉德一共有三次出场，第一次出场，菲茨杰拉德就含泪诉说自己目前的困境：妻子病重，报社拒绝刊登他的小说，将他逼得走投无路。导演给我们塑造的是一个失意的可怜人的形象。第二次出场，菲茨杰拉德紧紧握着妻子的手，一脸慈爱地讲述他们的女儿。随后被沃尔夫落井下石，他也一忍再忍，还不忘安慰受到惊吓的妻子。这里导演将菲茨杰拉德塑造成一个贤夫、慈父的形象。第三次出场，菲茨杰拉德语重心长地劝诫沃尔夫，不要追求那些华而不实的东西，要感恩珀金斯对他的付出。导演又把菲茨杰拉德塑造成一个淡泊名利、有情有义的人。然而原著中的菲茨杰拉德其实是一个不折不扣的酒鬼。他挥霍成性，欠下了一屁股债，还一度陷入忧郁。而对这些负面的内容导演都避开不提，可见导演在刻意美化菲茨杰拉德，使他和沃尔夫形成鲜明的对比。一个得意，一个是失意；一个背叛，一个忠心，让我们在感慨菲茨杰拉德的穷途落魄之时也为沃尔夫的忘恩负义感到心寒。另外还有伯恩斯坦夫人的人物形象改编。原著中年近50岁的伯恩斯坦夫人是个容颜衰老、体形臃肿的中年妇女。而改编后的伯恩斯坦夫人则由好莱坞著名魅力女星妮可·基德曼饰演。不仅身材火辣，而且美艳十足。可见，电影中性感迷人的伯恩斯坦夫人是为了迎合大众娱乐、增加影片商业性所做的一个改编。

4.情节的删减

综观整个电影，导演在比较完整地保留了原著的叙事脉络、人物关系和主题意旨的同时，对原著中较为烦琐复杂的情节进行了提炼与浓缩。例如珀金斯与沃尔夫合作改稿的片段，导演将原著中大篇幅描写珀金斯与沃尔夫合作修改《时光与河流》的情节压缩成短短的两分钟，只提炼了改稿过程的关键点"删稿""重写""反抗""争吵"……将这些关键点运用特写镜头和快速剪辑的方式，配上节奏紧张的音乐和沃尔夫歇斯底里的咆哮声，以达到强大的视觉冲击力，加深观众的印象。这不仅表现出改稿过程的烦琐、艰难，也使得故事情节更加简洁明了。

电影改编对人物和情节的删改是必不可少的，但过多的删减也会使电影缺乏内容支撑，缺乏逻辑性。例如珀金斯与沃尔夫决裂的过程、决裂的前因后果，在书中都有详细的描述（见表2）。这是一个非常挑战编剧功力的环节，但影片却以沃尔夫误会珀金斯的删稿为由匆匆了结，叙事上显得空洞、单薄。

表2 关系决裂前因后果的分析

序号	原著中的情节	备注
1	珀金斯与沃尔夫经常起争执，沃尔夫还多次暗示要离开珀金斯	珀金斯与沃尔夫之间产生了隔阂
2	评论家德·沃托发表了一篇攻击沃尔夫的文章，将沃尔夫的书说成是珀金斯组装的产品	沃尔夫对铂金斯产生了怨气
3	珀金斯阻止沃尔夫以斯克里伯纳出版社的同事为原型进行创作	沃尔夫对这件事耿耿于怀
4	总统大选的时候，珀金斯和沃尔夫政治立场不同	珀金斯与沃尔夫的关系急剧恶化
5	沃尔夫被起诉，斯克里伯纳出版社没有为他辩护	沃尔夫非常气愤，表明要与斯克里伯纳出版社分道扬镳
6	珀金斯极力挽留沃尔夫，努力挽回他们之间的友谊	沃尔夫有所犹豫
7	沃尔夫再次陷入法律纠纷，珀金斯建议他和解	沃尔夫认为这是珀金斯剥削他的一种方式
8	沃尔夫寄出"分手信"，要彻底离开珀金斯	沃尔夫误会已深
9	珀金斯连续三次回信向沃尔夫表达了自己的忠心，态度诚恳，有理有据地向沃尔夫解释了"删稿"的原因	沃尔夫怒火消退，但他与珀金斯的关系已经无法修复
10	有人无意提起了德·沃托写的文章，激怒了沃尔夫，而沃尔夫的无理取闹最终也激怒了珀金斯	沃尔夫与珀金斯彻底决裂

从表2中不难看出，珀金斯与沃尔夫的决裂是一次又一次的矛盾和误会造成的，评论家德·沃托发表的文章是导致珀金斯与沃尔夫决裂的导火线，珀金斯对沃尔夫作品进行删改，阻止沃尔夫以斯克里伯纳出版社的同事为原型进行创作，使沃尔夫认定珀金斯不仅毁了他的作品，甚至还要毁了他的前途。这也最终导致了他与珀金斯这次不可挽回的、令

人心痛的分手。然而电影改编之后，导演对这段关系决裂的过程进行了大刀阔斧的删改，删掉了沃尔夫与斯克里伯纳出版社的冲突，删掉了沃尔夫与珀金斯政治立场的冲突，仅仅把珀金斯与沃尔夫的决裂归结于沃尔夫自私地认为珀金斯毁了他的作品，其他原因则避之不谈。这样的理由不免过于牵强，也使珀金斯和沃尔夫的决裂显得过于突兀，毫无逻辑，甚至歪曲了原著的精神。

三、结语

长期以来，文学作品改编的得失是电影理论界和评论界广泛讨论的话题。文学作品的影视改编实质上是艺术家对原著进行再加工、再创作的过程。导演要在原著的文学性与电影的艺术性之间权衡，既要忠实于原著，尽可能阐释原著的主题、精神和内涵，同时也要考虑电影的商业性，使其符合电影市场的需求。纵观全片，《天才捕手》在情节的改编和矛盾冲突的设计上，不断简化情节，升级人物矛盾，使影片矛盾冲突激烈。不仅有人物之间的冲突，还有人物与环境之间的冲突。但由于过度删减，使影片中的某些情节存在不合逻辑之处。所以，如何在影视改编中把好一个"度"，是当下影视改编所要考虑的一大问题。

（作者：张颖婷；本文刊于《学园》2016年第36期）

迈向美国独体出版社的顶峰

——布拉齐勒出版社

> 我知道纽约是世界出版之都，但我不相信它是世界文学之都。因此我开始到欧洲、非洲和澳大利亚寻找作者，来支持我的出版社。我追寻各种各样的作者，他们正在为主观世界的复杂性和客观世界的普适性而奋斗。
>
> ——乔治·布拉齐勒

阿尔·西尔弗曼在《黄金时代：美国书业风云录》一书中专章点评了美国12家著名的精装书出版社，而能和兰登书屋、西蒙-舒斯特出版社媲美的就只有一家硕果仅存的独体出版社，这就是布拉齐勒出版社。西尔弗曼之所以如此看重这家出版社，是因为在其他独体出版社或者上市发展成为出版集团，或者托庇于出版集团之下的同时，布拉齐勒出版社对所谓的规模效应和"协同效应"不以为然，仍然去寻找自己认为的好书，追求它所在乎的多样性，找到了"属于自己的辉煌"。这主要得益于它长期以来拥有一位绝佳的当家人——乔治·布拉齐勒（George Brazilier）。

一、从图书俱乐部起家

与其他著名编辑、出版人相比，乔治·布拉齐勒既没有显赫的家庭背景，也没有像样的名校学历。他因为家境贫寒，上到十年级就辍学了。他的第一份工作是在其连襟开办的一家库存书处理公司当装运员，周薪才15美元。因为要求一美元的加薪，他和他的连襟翻脸，转而创办了自己的图书俱乐部。

受英国传奇出版人维克多·戈兰兹开创了高品位的左岸图书俱乐部启发，布拉齐勒先是创办了翻书客图书俱乐部（Book Find Club），然后是七艺俱乐部（Seven Arts Club），其目的都是为广大会员发现好的文学作品。他很喜欢给他的会员赠书，这是其他保守的大型图书俱乐部，如每月一书俱乐部、文学会等不会去做的。例如，1948年翻书客俱乐部最引人注目的选书是诺曼·梅勒（Norman Mailer）的《裸者与死者》（*The Naked and the Dead*），该书大量出现了美国小说界此前从未有过的连篇累牍的四字脏词，简直是惊世骇俗。由于该书"纯粹的真实性"，它为翻书客俱乐部带来了更多的会员。

二、两部书成就出版的梦想

布拉齐勒的图书俱乐部生意经营得非常成功，但是他并不满足。20世纪60年代，由于庞大的家庭债务，也由于他要把更多的心思放在图书出版生意上，他把这两家俱乐部卖给了时代-生活集团（Time-Life），售价是100万美元。这样他就有充裕的资金来做他手头的图书出版生意了。

第二次世界大战结束后的30年间，正是美国图书出版业的黄金时代，路易斯·梅南德称之为"图书为王，文学当道的世界"。布拉齐勒不再满足于在出版社出过的书中挑挑拣拣，想直接和作者及其作品对话，成为一名卓越的出版人。于是，1955年他创办了以他的名字命名的布拉齐勒出版社（George Braziller Inc.），但是一直没什么起色。直到有了充裕的资金投入，再加上他原本具有的独特的选书眼光，布拉齐勒出版社很快找到了自己的"主矿脉"——高品位的文艺作品。

当时的文学出版界主要由兰登书屋、克诺夫书局等大出版社把持。而文学代理人控制了作者，做的都是大作家的生意，出价很高。像布拉齐勒出版社这样的小出版社要想拿到好书，必须突破这两者的封锁，把眼光放到世界范围内的新兴作家身上。

1958 年 5 月，布拉齐勒去了法国巴黎碰碰运气。此时的法国正处于政权更替的混乱局面，法国军队还陷在阿尔及利亚战争的泥潭之中。这触发了他那根敏感的神经。他听说子夜出版社将出版亨利·阿莱格（Henry Alleg）写的一部自传《问题》（*La Question*），书的主要内容是有关法国军队在阿尔及利亚驻扎期间所经历的恐惧与折磨。作为遭遇过这段经历的当事人之一，阿莱格的写作完全来自于亲身的战场体验。该书出版后不久就在法国被查禁了。布拉齐勒把一本法文版带回纽约，交给编辑理查德·西弗阅读，让他读后谈谈看法。

西弗看完后对老板说："这是一本很精彩的书，一本非常重要的书。但是我不敢想象在美国会有人对这样一本书感兴趣。"他的这位老板生气地回应道："够了！给我写份报告来。"西弗在报告中反复重申他对销量的担心。但乔治仍然看好这本书的未来市场。他让理查德·霍华德翻译成英文，并出人意料地劝说让-保罗·萨特（Jean-Paul Sartre）为此书写了序言，加班加点赶出了这本书。该书迅速卖出了一万本，成了一部畅销书。由于《问题》的庞大销量，它也成为该社重印书目中的主打产品。

当越南战争进行到高潮时，布拉齐勒又如法炮制了一回。他听人说起，有一个参与越战的医生根据他的亲身经历写了本小说。有家出版社将他的书稿压了六个月，最后还是退稿了。当天他就拿到了这部名为《365天》（365 Days）的书稿，并连夜看完了它，马上决定出版。这是当时美国出版的有关越战经历的最早书籍之一，从一开始就大获成功。作为一本布拉齐勒版平装书，它自1971年出版以来一直很受欢迎，版权也卖到了欧洲各国。2005年，乔治出版了全新的《365天》精装版，以纪念他的出版社成立50周年。

这两本书显示了布拉齐勒非凡的选书眼光和独特的出书风格。他有实力把他的出版社提升到一个新的台阶。

三、选书的世界眼光

1958年的巴黎之行为布拉齐勒打开了一个新的窗口，让他发现了众多的新兴小说家。他曾经说道："我知道纽约是世界出版之都，但我不相信它是世界文学之都。因此我开始到欧洲、非洲和澳大利亚寻找作者，来支持我的出版社。我追寻各种各样的作者，他们正在为主观世界的复杂性和客观世界的普适性而奋斗。"

纳萨莉·萨洛特（Nathalie Sarraute）就是其中的一位。她的小说《无名氏画像》（*Portrait of a Man Unknown*）于1947年在法国出版，但在美国却一直找不到买家。这本晦涩难懂的小说写的是一个贪婪的父亲与女儿之间的关系。萨特称它为一部"反传统小说"。实际上，这本书是一场被称为"新小说"的现代主义运动的开端，作者们旨在挑战叙事小说的传统结构。布拉齐勒在美国推出了该书的英文版，并从此和萨洛特成为最要好的朋友，而她的书一直都由布拉齐勒出版社出版，直至1999年她以99岁高龄去世。

出版萨洛特的书使得布拉齐勒发现了其他重要的法国作家，他们都期待能在美国出书。其中有诺贝尔文学奖得主克劳德·西蒙（Claude Simon）和萨特，还有玛格丽特·杜拉斯（Marguerite Duras）、克劳德·莫里亚克（Claude Mauriac）和伊夫·伯杰（Yves Berger）等。而在法国以外地区，布拉齐勒为之出版过作品的作家还有尼日利亚的布基·埃梅切塔（Buchi Emecheta）、爱尔兰的尼尔·乔丹（Neil Jordan）、澳大利亚的戴维·马洛夫（David Malouf）、珍妮特·弗雷姆（Janet Frame）、土耳其的奥罕·帕慕克（Orhan Pamuk）等。珍妮特最著名的作品是她的感人自传《天使与我同桌》（*An Angel at My Table*），而帕慕克正是2006年的诺贝尔文学奖得主。

由于布拉齐勒对优秀文学作品的孜孜以求，20世纪60年代《纽约时报》评论了他们出版的每一本书，而每月一书俱乐部也经常将这些书作为选书，出版社的市场地位得以确立。那是乔治·布拉齐勒的辉煌时代。

四、强调书目多样性

除了国际性的文学作品之外，布拉齐勒出版社的书目涉及各个领域，包括非小说、诗歌、艺术、建筑和设计，等等。其中艺术类图书和建筑类图书成为书目中两个重要的板块。前者有"美国艺术大师书系"（Great American Artists）、"中世纪艺术丛书"等；后者有"世界建筑大师书系"（Masters of World Architecture）等。

布拉齐勒对艺术不是很了解，但是他对艺术十分感兴趣，愿意而且能把这种巨大的兴趣转化为艺术作品的出版项目。在操作"美国艺术大师书系"时，他非常注意和懂艺术的专家合作。他找到了著名艺术评论家多尔·阿什顿（Dore Ashton）和《艺术新闻》（Art News）的主编汤姆·赫斯（Tom Hess）。他们在帮助布拉齐勒设计该系列的书目时起到了非常大的作用。当然，如何出版、如何投入市场、如何找到读者就是布拉齐勒的事了。

1964年的某一天，他在阅读《纽约时报》时，看到一篇艺术评论家约翰·卡纳迪的署名文章，高度评价正在摩根图书馆举行的卡特琳娜·德·克莱乌斯（Catherine of Cleves）藏画展。摩根图书馆就在他的办公室附近，因此他就去看看到底有什么值得卡纳迪这样大惊小怪的。

当他走进去时，他一眼就看中了《卡特琳娜·德·克莱乌斯藏画概览》（*Hours of Catherine of Cleves*），有着157幅插图，显得那么的光彩夺目。他立刻就为之疯狂了，当即决定要出版它。摩根图书馆的前馆长约翰·普卢默（John Plummer）为这本书写了前言和评论。布拉齐勒又将最后的定稿寄去荷兰，那里的印刷厂知道如何印刷一本如此复杂的书。卡纳迪在《时代》杂志上为该书写了书评。到当年圣诞节，这本书就卖掉了两万本，而它在每月一书俱乐部也很受广大会员的欢迎。因此，布拉齐勒又开辟出一块画作出版领域，并发展成为"中世纪艺术丛书"。

此外，布拉齐勒出版社值得一提的就是诗集的出版。因为诗集不挣钱，很少有美国出版商愿意出版。该出版社每周会收到数十本诗集书稿，为了出版高水平的诗集，他必须倚仗诗人理查德·霍华德的眼光。霍华德为他带来了当时并不知名的查尔斯·西米克（Charles Simic）。成名后的西米克后来去了别的出版社，并获得了普利策奖和国家图书奖，当选为美国桂冠诗人，极大地带动了早期诗集的销量。虽然出版其他诗人的诗集赔了不少钱，但是西米克早期诗集的不断重印可以弥补这一切。另外，能够出版美国著名诗人朗斯顿·休斯（Langston Hughes）的作品，也让乔治·布拉齐勒引以为荣。而让我国读者高兴的是，在2005年布拉齐勒出版社成立50周年之际，该社还出版了我国著名诗人顾城的作品——《无名的笑话：顾城诗选》（*Nameless Flowers: Selected Poems of Gu Cheng*），并称他是中国最好的当代诗人。

五、结语

相对于兰登书屋的贝内特·瑟夫、克诺夫书局的艾尔弗雷德·克诺夫这些功成名就的"稳健派"，布拉齐勒和格罗夫出版社的巴尼·罗塞特一样，属于大胆追求的"激进派"，他们都是美国独立出版社中的佼佼者。但是他和罗塞特不一样，后者喜欢出版《查泰来夫人的情人》《北回归线》等情色图书，业界人士称其"弄脏了出版界的脸面"。因为经营不善、毫无节制，罗塞特最终使自己的出版社落入他人之手。布拉齐勒既大胆出好书，又不越界出书，而且小心地控制出版成本，谨慎地拓展可供书目。因此他走上了和罗塞特不一样的道路。阿尔·西尔弗曼在《黄金时代：美国书业风云录》一书中高度评价了布拉齐勒的出版成就，"对他来说仅仅是单纯地寻找佳作，拥有属于自己的辉煌"。

参考文献

[1] 阿尔·西尔弗曼.黄金时代:美国书业风云录[M].叶新,等,译.北京:
机械工业出版社,2010.

[2] Phong Bui. George Braziller[J]. Brooklyn Rail,2005(February).

[3] Gary Shapiro.At 90, George Braziller Takes Time To Reflect[J]. New
York Sun,2006(March 2).

（作者：叶新；本文刊于《出版广角》2012年第6期）